江戸の長者番付

殿様から商人、歌舞伎役者に庶民まで

菅野俊輔

青春新書
INTELLIGENCE

はじめに

みなさん、こんにちは！　むかしの東京、江戸は〝失われたワンダーランド〟です。たくさんの謎があります。今回のテーマ〝江戸の長者番付＝お金持ち事情〟は、その最大の謎といえます。1〜6章において、いまに残る資料から探ってみたいと思いますので、その前に江戸の人たちのこと、お金のことについてふれておきましょう。

江戸は、18世紀（江戸中期）の前半に百万都市になりました。世界史において最初のことといってよいでしょう。徳川将軍家の城下町ですから、全国の大名や旗本・御家人の屋敷が並び、江戸の範囲といわれる〝四里（約16㎞）四方〟の六割の広さに五〇万人の武士が住んでいました。残りのうち、二割が寺社で、僧侶や神官が暮らしています。

つまり、残り二割の地に五〇万の町人が住んでいたのです。それゆえ、住宅に工夫を施した結果、裏店《うらだな》とよばれる集合住宅の長屋に七割の三五万人が住んでいました。長屋は二間×二間＝四坪＝八畳の広さが平均ですから、決して広い住空間ではありません。でも、江戸っ子は〝もったいない〟精神により、必要なものしか持たないエコ生活をしていました。

御三家の紀州家から八代将軍となった徳川吉宗と町奉行の大岡忠相《ただすけ》（越前守）が江戸の改革に努めてくれたおかげもあり、18世紀の後半は、江戸っ子にとって住みやすい大都会になります。歌舞伎（芝居）や出版、料理ブームなどいかにも江戸らしいユニークな文化がおこり、彩色の浮世絵「吾妻錦絵」も誕生しています。

19世紀（江戸後期）になると全国的に旅ブームが到来し、武都の江戸は古都の京、商都の大坂とともに「三都」とよばれ、観光都市になります。全国からたくさんの人びとが江戸を訪れ、御城や大名屋敷街、将軍家菩提寺、7世紀の創建を伝える浅草の観音様、そして芝居町と遊里の吉原など、江戸っ子が自慢とする名所を見物してまわります。


江戸のお金は複雑です。金・銀・銭の三貨がありましたから、いまの紙幣と貨幣の関係のように、金貨は高額貨幣、銀貨は中間で、銭貨は低額貨幣と考えてよいのですが、三貨の単位が違っていました。銀貨と銭貨は江戸時代以前からの貨幣ですが、金貨は江戸時代になってから幕府・江戸を中心として通用するようになります。

19世紀に通用した貨幣には、一両小判、一分《ぶ》金と一分銀、一朱金と一朱銀、四文銭《もんせん》と一文銭などがあります。一両＝四分＝一六朱の四進法です。ただし、銀貨は秤《はかり》で量って取り引きする秤量《ひょうりょう》貨幣だったため、丁銀や小玉銀など重量が一定しないものが通用していたのですが、18世紀の後半から、金貨と同じように貨幣一枚の価値が統一された計数貨幣も鋳造されるようになったのです。

長屋住まいの江戸っ子は文を単位とする銭貨で暮らしています。例えば、そば一杯の値段は一六文（いまの貨幣価値にして約４００円）ですから、寛永通宝一枚＝一文で一六枚の支払いとなります。このように、庶民相手の商いは銭貨が一般的でした。ただ、旅で二か月ほど出かけるときなどは、宿泊の旅籠屋代が一泊一五〇文（約３７５０円）〜二〇〇文（約５０００円）ほどですから大量の銭貨を持ち歩くのは大変です。

旅に出かける人は、小粒とよばれた一分銀や一朱銀をたくさん持ち、道中で銭に両替して、草鞋《わらじ》一二文、団子四文、旅籠賃一五〇文などを払っています。いまと比べると面倒のように思えますが、慣れてしまうと問題がなかったようです。手習い（寺子屋）での学習で読み・書き・そろばん（計算）が達者だったことによるのかもしれません。

（図表1）江戸時代の貨幣と現在の価値

種類	金貨		銀貨		銭貨
単位と相場	1両 = 4分金 = 16朱金	≒	60匁《もんめ》 = 4分銀 = 16朱銀	≒	6,500文

銭1文＝25円と換算すると

金1両＝米1石＝約16万2000円

※19世紀の幕府の公定価格。
※貨幣の種類は3種類。金は江戸を中心とする東国、銀は大坂を中心とする西国でおもに使われた。

江戸に「四文屋《しもんや》」という居酒屋がありました。すべての一品を銭四文で売っていたためで、いまの100円ショップと同じと考えてよいでしょう。そこで、銭四文＝100円、つまり銭一文＝25円とします。19世紀の幕府の公定価格は、金一両＝銀六〇匁《もんめ》＝銭六千五百文ですから、金一両＝約16万2000円、銀一匁＝約2700円と算出しました。本書は、この算出によっていますのお金に換算しています。

江戸には武士と町人が生活しています。武士の給料・収入は「百石《こく》」とか「百俵《ひょう》」というように米が基準となっていますが、町人の給料・収入はお金でした。時代がくだると貨幣経済が進展し、武士も自家用分を除いて換金するようになりますが、給料・収入がお金に変わることはありませんでした。

農村に住み、田畑を耕して米や野菜を生産する農民は、税金の年貢を現物で納めていましたが、時代がくだると畑作での収穫の分をお金で納めるようになります。そのため、米の収穫以前から、野菜の換金に努めています。年貢米を納めた残りの米は、農民の取り分ですから、武士と同じように、自家用を除いて換金して暮らすようになりました。

そんな江戸時代ですが、人びとは、どのくらいの給料・収入を得て、どのように豊かな（あるいは、慎ましい）生活を送っていたのでしょうか。将軍・大名から下級武士、長屋に住む町人、歌舞伎役者、花魁《おいらん》、豪商まで、そのフトコロ事情を丹念に探ってみました。

それでは〝江戸のお金持ち事情〟の調査の旅をお楽しみください。

＊江戸時代の資料の引用については、読み下しの上、現代表記を原則としています。

江戸の長者番付　目次

目次

2章 江戸時代、あの職業・この商売の意外な給料事情

◇貧乏武士は年収100万円以下、町人・農民は意外にも…

3章 比べてビックリ！江戸のおもしろ給料比較

◇大岡越前と鬼平、金持ち大名と貧乏大名、千両役者と花魁…

5章 江戸の超大金持《セレブ》ちたちの華麗なる（？）生活

◇将軍とその妻から、百万石の大名、豪商、義賊まで

6章

じつは一番貧しかった？ 武士の悲しいフトコロ具合

◇傘張り、金魚飼育、朝顔づくり…欠かせぬ内職で生活費はハウマッチ？

編集協力／坂部由佳
本文ＤＴＰ／エヌケイクルー

1章 江戸の長者番付ベスト10

◇年収〝億〟をはるかに超えるお金持ちたちがズラリ

江戸の代表的なお金持ちには、どんな職業があるか

本章では、百万都市江戸の高額所得者の代表一〇人をピックアップしてランキング形式で紹介しましょう。といっても、長者番付のようなものが残されているわけではないですから、残された資料から探っていくことになります。

江戸は〝武家の棟梁〟徳川将軍家の江戸城（いまの皇居の地）を中心とした城下町ですから、まずは、**征夷大将軍**は外せないでしょう。江戸時代二六五年のあいだに、一五人の将軍（公方《くぼう》様）がいました。

初代は、没後に神様として日光東照宮に祀られた家康で、以後、二代秀忠、三代家光、四代家綱、五代綱吉、六代家宣、七代家継、と秀忠の子孫が継ぎましたが、家継が八歳で没したため家系が途絶え、分家の御三家紀州家（家康一〇男の家系）の当主が跡を継ぐことになります。これが、中興の祖とされる八代将軍吉宗です。

以降、吉宗の子孫が継ぎ、九代家重、一〇代家治、一一代家斉、一二代家慶、一三代家定、一四代家茂と代を重ねますが、一五代を継いだのは御三家の水戸家から御三卿の一橋家に

入った慶喜でした。家茂が大坂滞在中に没したことによりますが、結局、慶喜は江戸城に入らずに最後の将軍となりました。

以上の一五人のなかでは、御三家から宗家を継いで八代将軍となり、曽祖父家康が開いた江戸幕府を立て直すことを終生の目標として享保の改革を実施したバイタリティーに注目し、**吉宗**を例にとりましょう。吉宗は、時代劇では〝暴れん坊将軍〟としても有名です。

八代将軍・徳川吉宗

徳川記念財団蔵

将軍家と比べる意味で、**大名家**から一人を例にとりたいと思います。

将軍の家臣で、一万石以上の領地を与えられた武家を大名といいます。国許《くにもと》に居住のための城や陣屋を構えて領地経営をおこないますが、江戸に屋敷を与えられたことから、原則として隔年で国許と江戸を往来しなければなりませんでした。

二六〇家を超える大名家のなかで領地の石高が多いのは〝加賀百万石〟の前田（松平）家で、2位が薩摩島津（松平）家の七七万石余、3位が六二万石余の陸奥伊達（松平）家でした。大名家で多いのは一万～五万石ですから、右の三家は別格といえます。将軍家の姫君の嫁ぎ先にもなる家格の高い家でした。**前田家**を例としましょう。

次は、江戸の町政を担当していた町奉行所の責任者「**町奉行**」を選びます。

町奉行は、いまでいう東京都知事・警視総監などを兼ねた江戸幕府の高官（キャリア官僚）のような存在です。八代将軍吉宗がパートナーとして選んだ**大岡忠相**（**越前守**）も町奉行でした。一万石以下の旗本の役職となる町奉行は、将軍家や大名家ほどではありませんが、どのくらいの給料をもらっていたのか興味をおぼえる役職です。

大岡忠相と比べてみたい有名な人物がいます。池波正太郎氏の小説『鬼平犯科帳』の主人公「**鬼平**」（鬼の平蔵）こと長谷川宣以《のぶため》です。役職は**火付盗賊《ひつけとうぞく》改《あらため》**（火盗改）なので、いまの警視庁の放火犯・泥棒の捜査・逮捕などの警察実務をになう、あえていえば所轄の警察署長といったところでしょうか。町奉行との対比はおもしろいかもしれません。

男性を四人選びましたので、武家の女性も入れましょう。

江戸城に勤める女性を候補とします。将軍の公邸を「奥」といい、私邸を「大奥」といいます。公邸に勤めるのは男性に限られており、女性はおりません。これに対して、将軍の正室（御台様《みだい》）のいる大奥では、管理の男性がいるものの、将軍と御台様の相手をするのは女性に限られていました。

男性は交替で宿直する役職もありますが、通勤が原則なので、将軍の家族とともに江戸城で暮らす者はいません。一方、大奥勤めの女性は、全員が大奥で生活しています。とくに、上級職の女性は〝一生奉公〟ともいわれています。そのような女性たちの給料はどれほどだったでしょうか。**江戸城の奥女中**を武家の五人目とします。

江戸には、武士が五〇万人、町人も五〇万人いました。武士身分から五人を選びましたので、町人身分からも同数を選びましょう。

町人は、武家の御用を務めるために必要な存在で、業種は**商人と職人**です。商人は日本橋川に架かる日本橋から南と北に延びる大通り（いまの中央通り）に面して店舗を構え、職人は神田や京橋などに住んでいました（40〜41ページ地図参照）。

日本橋から北へ進むと左手に間口の大きな商家がありました。横町の両側に絹物を扱う

三井越後屋・三井八郎右衛門（高利）

三井文庫蔵

呉服店と木綿を商う綿店が向かいあっています（34～35ページ参照）。ともに江戸第一の豪商と評判の三井越後屋の店舗で、天保三年（１８３２）の呉服店の普請《ふしん》図面によると、横町側の間口が二八間半（約50ｍ）あり、室町の大通り側の間口が八間半（約15ｍ）ありました。

商家は**三井越後屋**を例にとりましょう。

次は、職人ですが、問題点があります。火事の多い江戸には建築関係のほか、たくさんの職人がいたのですが、商家のように間口を広く店舗を構える職人はいませんでした。いまに残る老舗の間口も広くありません。むしろ、こぢんまりとしているのが特徴といえます。

いまの東京で、第一の繁華街は銀座です。じつは、銀座は江戸時代の貨幣の一つである銀貨を鋳造・発行する銀座が所在したことに由来します。江戸時代、銀座の役所に隣接して「大黒屋敷」がありました。この屋敷では、銀貨に大黒様の絵などの極印《ごくいん》を打ちます。これは初代大黒常是《じょうぜ》が家康から許された幕府公認の特権でした。

銀貨を鋳造するたびに極印打ちの作業があり、これによって大黒家の収入が成り立っていたのです。職人の代表とまではいえないかもしれませんが、いまの銀座の由来にもふれることができるので、職人は**大黒家**といたしましょう。

江戸は大坂・京都とともに「三都」とよばれた繁華な大都会で、日に千両（1億6200万円）の売り上げのある場所が三つあったといわれています。朝の売り上げでは日本橋にあった魚河岸、昼は歌舞伎の芝居町、夜は遊里の吉原です。夜の営業が許されていたのは遊里の吉原だけでした。

芝居町は、19世紀（江戸後期）の天保の改革まで人形町通りと汐留の近くにありましたが、改革によって浅草に移されてしまいます。芝居町と吉原は、ともに流行や文化の発信元といえる存在で、いまの芸能界にあたります。この点から、芝居町からは**歌舞伎役者**を、遊里の吉原からは女性の**花魁**《おいらん》を例にとりあげましょう。

三代中村歌右衛門

上方浮世絵館蔵

あと一人いると一〇名になります。百万都市江戸は、武家地が六割、町人地が二割で、ほかに寺社地が二割でしたので、**僧侶**も入れましょう。また、現代のお金持ちの代表格に医者がいますが、**江戸の医者**はどうだったのかも気になるところですので、医者も加えておきましょう。ちなみに、幕府に仕える医者は、僧侶のような坊主頭をしていました。ともに、幕府では町奉行ではなく、寺社奉行が管理を担当していたという共通点もあります。

1 天下の将軍と百万石の大大名、どちらが稼いでいる?
——吉宗の年収「1294億円」! 対して、加賀藩前田家は…

将軍と大名の関係は、主君と家臣です。それゆえ、将軍家の領地が四百万石以上なのに対して、最大の大名前田家でも百万石余にとどまっていたのです。でも、この両家、歴史をさかのぼってみると微妙な関係にあったことがわかります。のちに江戸幕府の初代将軍となる徳川家康も、前田家の家祖前田利家も、ともに太閤秀吉の重臣でした。

秀吉が没したとき、家康が筆頭の地位となり、利家が次位となります。つまり、前田家は第1位をねらえる位置にあったのです。でも、利家は翌年に六三歳で没してしまいます。一方の家康は、養生に努めた結果、六二歳のときに将軍となり、六四歳のときに子の秀忠に将軍を譲り、徳川幕府一五代の繁栄の土台を築きました。

それでは、八代将軍吉宗の収入を探ることにしましょう。幸いなことに、吉宗（在位二九年）の時代、享保一五年（1730）の収支データがあります。年収の総額は、金貨に換算して七九万八八〇〇両です。領地からの年貢が64%で、長崎貿易の運上金や御用金などが残りを占めています。いまのお金にすると、1294億円になります。

一方、〝加賀百万石〟の前田家は将軍家と姻戚関係を結び、江戸時代は「松平」を称していました。御三家に次ぐ家格を持ち、ときに水戸家と同じ中納言に任じられる当主もいます。将軍家の姫君を正室にもらうと専用の御殿を建て、表門を朱塗りにしなければなりません。一三代当主の斉泰《なりやす》も、ときの一一代将軍家斉《いえなり》の姫君をもらうことになりました。

姫君の名前を溶姫《やすひめ》君といいます。家斉の三六番目（！）の子で、二一女にあたります。斉泰のいる上屋敷（殿様が住む屋敷）は、本郷（文京区）にありました。溶姫君のために斉泰が建てた御殿の表門が、いまの東京大学本郷キャンパスの正門となっている〝赤門〟です。斉泰は、のちに中納言に昇進しています。

その加賀藩前田家は、北陸の加賀・能登・越中の三か国を領国とし、名目上の石高は一〇二万五〇〇〇石余ですが、実収は明治初年に一三五万三〇〇〇石余ありました。これは領国から穫れる米などの総高で、殿様の収入となるのは六三万六八八〇石でした。いまのお金にすると、1031億7456万円になります。大名家のその他の収入は10％ほどですから、総収入は1134億9201万6000円ほどと算出できます。前田家も、将軍家に負けず劣らず超高額所得といえます。

2 町奉行・大岡越前と〝鬼平〟長谷川平蔵
――ともに「億超え」も、圧勝したのはこの人

大岡忠相は、八代将軍吉宗（在位1716〜45年）に登用され、四一歳の享保二年（1717）二月から六〇歳の元文元年（1736）八月まで、一九年半という長いあいだ南町奉行を勤めています。対する北町奉行は、その間、中山時春→諏訪《すわ》頼篤《よりあつ》→稲生《いのう》正武、と代わっていますから、忠相に対する吉宗の信頼が篤かったことがうかがえます。

二四歳のとき世襲の家禄一九二〇石の養父の家を継いだ忠相は、二年後に幕府に出仕してから諸職を経て、幕府の土木工事などを総括する普請奉行を務めていた四一歳のときに町奉行に登用されました。普請奉行の給料は二千石なので、家禄との差額八〇石分が支給されます。それまでは家禄に満たない役職でしたから差額支給はありませんでした。

町奉行は三千石高の役職なので差額の一〇八〇石が支給されます。大変な出世といってよいでしょう。ただし、差額分の支給は町奉行の職にあるうちに限られ、家禄に変更がない限り、辞任すると収入は家禄のみにもどります。忠相は、町奉行になって八年目に二千

石の加増を受けて三〇九二石となりますから、そのときから差額の支給はなくなります。

いまのお金への換算は、この三〇九二石でおこないます。知行地の石高ですから、忠相の収入となるのは35％です。つまり、一三七二石が忠相の手元に入ります。一石＝金一両で計算すると、年収は2億2226万4000円となります。

町奉行の公邸は、奉行所の敷地内にあります。忠相は一九年半のあいだ、いまのＪＲ有楽町駅東口辺りにあった南町奉行所にいたことになります。その後は寺社奉行に転任しますが、町奉行を辞めると役宅から移らなければなりません。忠相に与えられたのは桜田御門外の外桜田の屋敷でした。いまの日比谷公園の西側、裁判所の敷地内の地となります。


次に、火付盗賊改の長谷川宣以（平蔵）について述べましょう。大岡忠相と同じ旗本ですが、家禄四〇〇石なので、忠相のようには出世できないことが推測されます。

三一歳で出仕してから諸職を経て、四一歳で合戦のとき弓隊を率いて先陣を務める先手《さきて》頭《がしら》に昇進しますが、やはりここで止まってしまいます。でも、先手頭は一五〇〇石高ですから、家禄四〇〇石の長谷川家としては随分の出世といえます。じつは、父親も同じ先手頭・火付盗賊改を務めているので、父親のおかげといえるかもしれません。

（図表2）江戸の武士の給料単位

〈本給〉

知行取り（単位：石）	主として旗本。領地を与えられ、土地、百姓を直接支配し、一定の割合を年貢として収入を得た。
蔵米取り（単位：俵）	旗本・御家人。玄米が直接支給された。 ※1俵＝0.35石＝3斗5升。
現米取り（単位：石）	蔵米取りの一種。石通りに支給される。 与力に多い。
給金取り	下級の御家人などには現金で支給した。

〈手当〉

扶《ふ》持《ち》取り	家来を養うための名目で与えられた手当で、一人扶持は1日玄米5合、年間で1石7斗7升5石＝約5俵。 ※1斗＝10升＝100合。

天明六年（1786）に先手頭となった宣以は、翌天明七年に火付盗賊改になります。わずか一年で転任？　そうではありません。じつは、宣以を有名にする火付盗賊改は、先手頭（弓頭・鉄砲頭）を本役とする兼任の「加役」でした。つまり、火付盗賊改は、先手頭となった旗本だけが就任できる役職だったのです。

先手頭は、加役として火付盗賊改を兼任すると手当として六〇人扶持がプラスされます。先手頭の一五〇〇石は、35％の五二五石が収入です。六〇人扶持は、一人扶持が一日玄米五合の支給ですから、一年＝三五五日（旧暦）として現在のお金に換算すると1億2300万3000円となります。

火付盗賊改の給料は、閣僚級の町奉行には及びませんが、1億円の大台に乗っていますから高額所得といってよいでしょう。でも、公邸のある町奉行と違い、自分の屋敷が役宅となるため、ときに配下の与力一〇人・同心三〇人の面倒を見なければなりません。テレビで『鬼平犯科帳』を見ていると、出費の多かったことが推測されます。

(図表3)江戸幕府の主な高官職

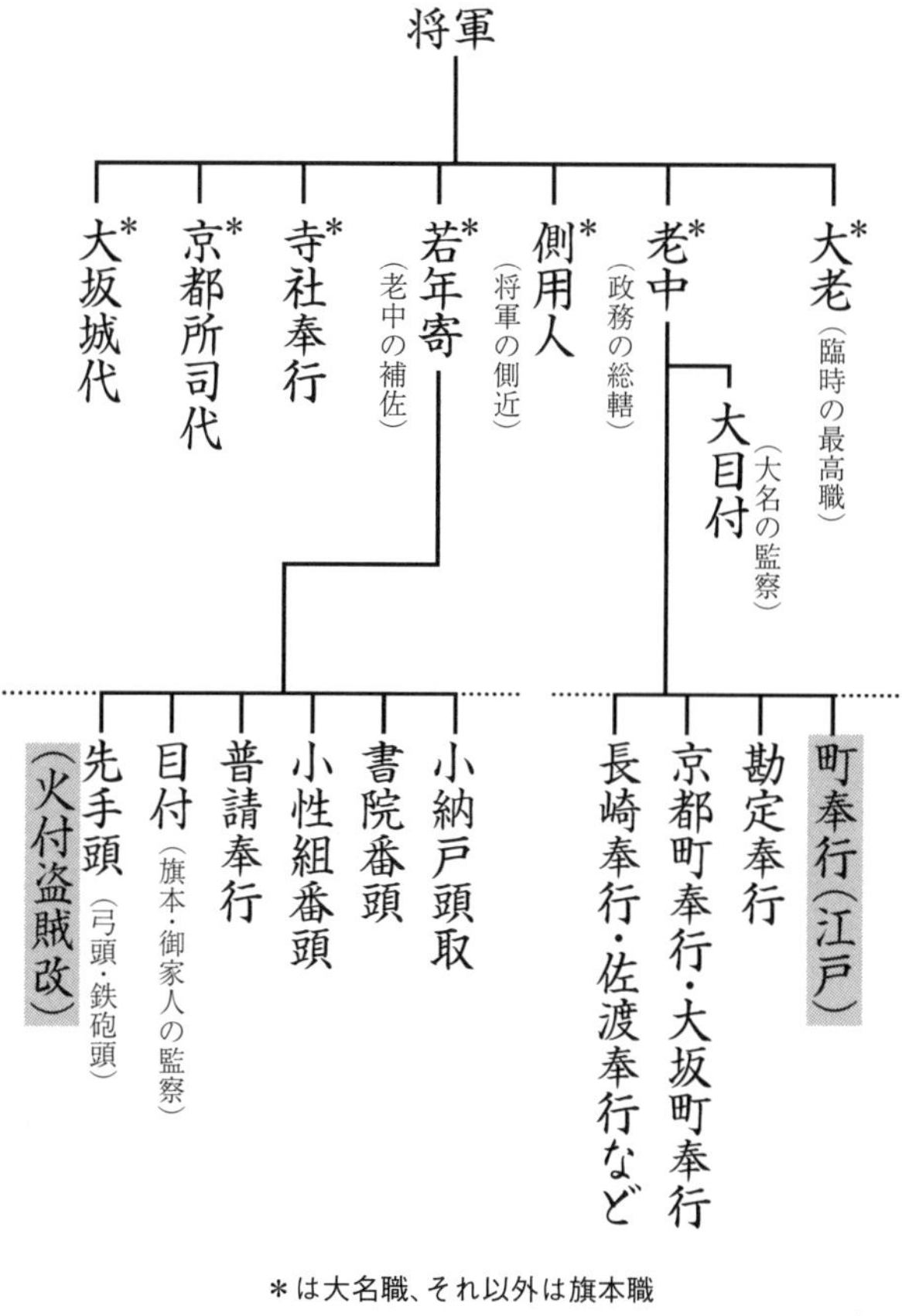

＊は大名職、それ以外は旗本職

3 日本一の大豪商・三井越後屋と銀座の特権職人・大黒家

――凡百の大名をはるかにしのぐ年収を得ていたのは…

相撲番付「蒙御免《ごめんこうむる》」の体裁に倣《なら》い、人・もの・出来事などを左右に分けて対比した一枚ものを見立番付といいます。19世紀（江戸後期）に作成され、江戸土産ともなります。そのなかに『新板大江戸持〇長者鑑』と題する番付があります。

表題中の「持〇」は「持丸」のことで「丸」はお金の隠語ですから「持丸長者」は大金持ちのことになります。

この番付には一七〇人の持丸長者が掲載されていますが、じつは、注目したいのは真ん中の「為御覧」の下にある別格の「行司・世話人・勧進元」で、行司三人・世話人四人・勧進元二人の名前を見ると豪商といってよい人たちばかりです。

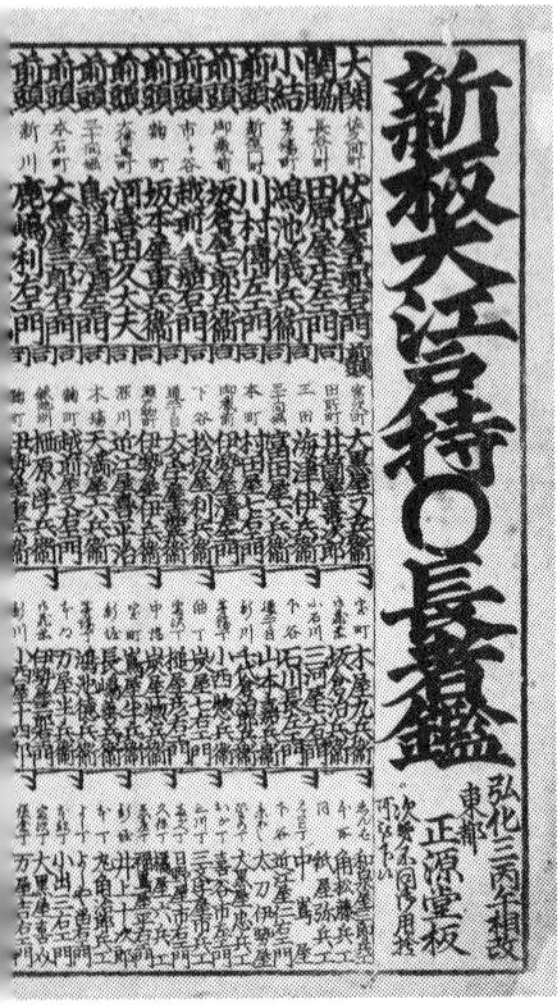
新板大江戸持〇長者鑑
弘化三丙午相改
東都
正源堂板

「新板大江戸持〇長者鑑」（東京都立中央図書館文庫室所蔵）より

（図表4）江戸のお金持ちたち

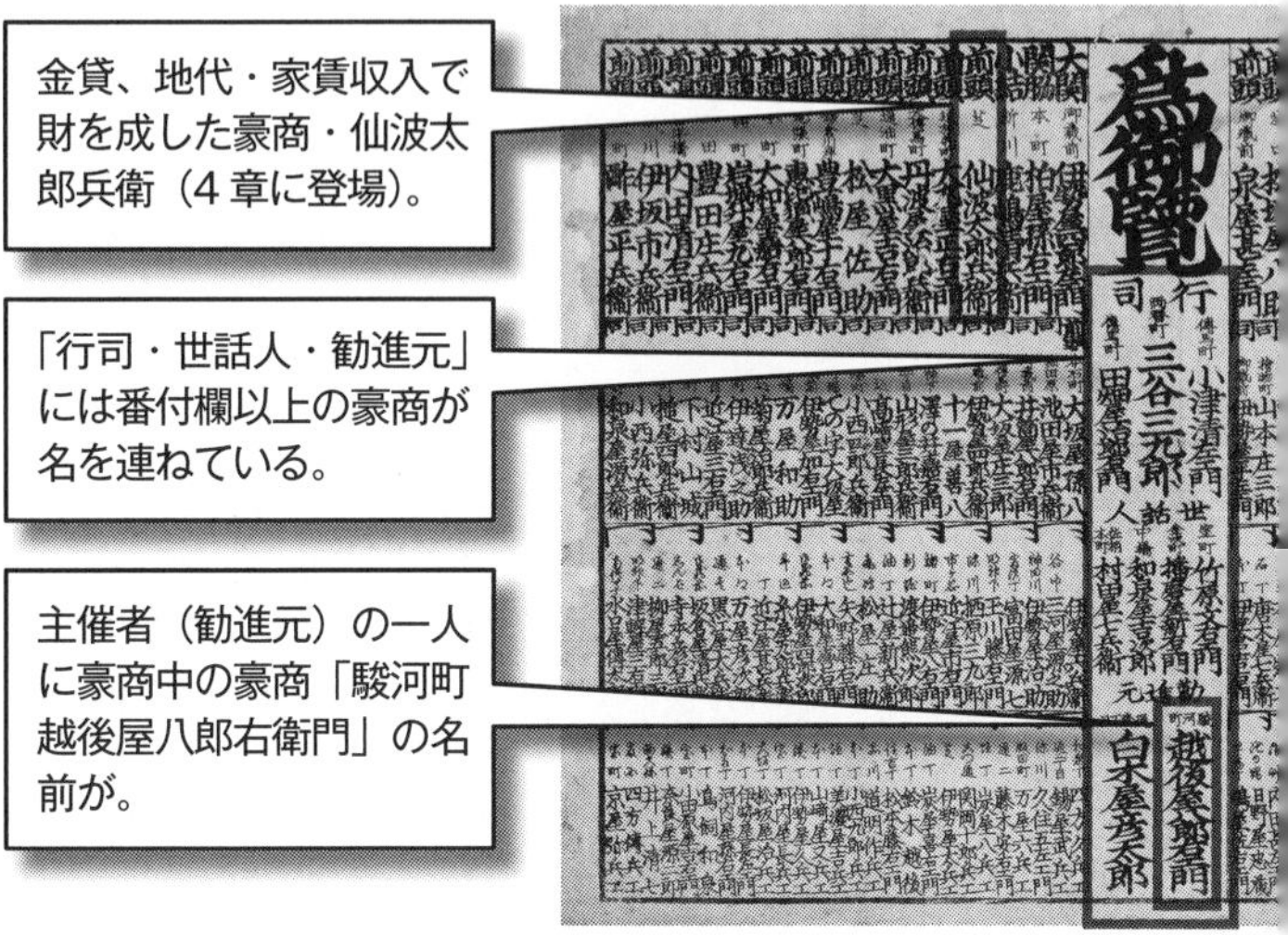
金貸、地代・家賃収入で財を成した豪商・仙波太郎兵衛（4章に登場）。
「行司・世話人・勧進元」には番付欄以上の豪商が名を連ねている。
主催者（勧進元）の一人に豪商中の豪商「駿河町越後屋八郎右衛門」の名前が。

そのなかに、主催者となる「勧進元」二人のうちに「駿河町　越後屋八郎右衛門」の名前があります。

駿河町の越後屋八郎右衛門は、17世紀（江戸前期）後半に「現銀掛値なし」や「店前売《たなさきうり》」など新商法で財をなした三井高利（八郎右衛門、初代）にはじまる老舗の豪商です。道をはさんで向かい合っている二軒の越後屋のうち、八郎右衛門は北側の呉服店の店名前で、南側の綿店の店名前を越後屋八郎兵衛といいます（図表5）。

三井家は、伊勢（三重県）松坂の出身ですが、京都に呉服の仕入店を置いてから京都商人になっていきます。越後屋八郎右衛門は江戸店のみならず、京店と大坂店の店名前でもあったのです。三大都市に呉服店を持つ越後屋八郎右衛門は、日本第一の豪商といってまちがいありません。

三井越後屋の年収を明らかにするうえで、手掛かりがあります。18世紀（江戸中期）はじめの「功納金」が判明しているのです。功納金は、京都の三井家から江戸・京・大坂の三店に貸与された資本に対し、三店から半年ごとに納められるお金のことですから、売上金のうちの利益金に相当するものと考えてよいでしょう。

半年分の功納金が銀二二五貫目（一貫目＝一〇〇〇匁）なので、一年分は倍の四五〇貫目。本書での換算は、銀一匁＝２７００円ですから、年間12億１５００万円となります。

「江戸名所図会」（駿河町三井呉服店）より

のちの享保一四年（１７２９）には越後屋八郎兵衛の綿店も八郎右衛門の傘下に入るので、その功納金一〇〇〇貫目を加えると年間17億５５００万円になりました。

当主の三井八郎右衛門は、京都に住んでいます。江戸店は支配人に任せているため、経営に問題が生じない限りほとんど江戸に下る

（図表5）日本第一の豪商・三井呉服店

ことがなかったようです。右の金額は、三万石の大名藩主の年収に相当します。三井家全体では、ほかにも両替店を経営しており、所有地からの家賃・地代収入もあります（3章で詳述）ので、総収入は幕府の老中など閣僚を超えることはまちがいありません。

一方、江戸に銀座が置かれたのは、17世紀（江戸前期）はじめの慶長一七年（1612）にさかのぼります。江戸の都市建設がおこなわれていたときで、駿府（静岡市）から移された銀座に与えられたのは、京橋の南側の四か町でした。いまの中央区銀座1丁目から4丁目の中央通り沿いです。町名は新両替町ですが「銀座」ともよばれています。

銀座役所に隣接して屋敷が設けられたのが大黒家です。幕府の御用達町人で、当主の常春（長左衛門）は、元祖常是（作兵衛）の二男にあたります。この常春の家系が江戸大黒家で、兄（作右衛門）の家系が京都の大黒家です。

大黒家は「吹所《ふきしょ》」を称し、銀貨に極印を打つことによる「吹賃」と、銀座の構成員としての「座分《ざぶ》配当銀」（銀座収入の3％）を収入としています。吹賃は、出来あがった銀貨一〇〇貫目につき〇・五貫目（0・5％）の割合ですが、データの残る五代将軍綱吉の元禄年間と八代将軍吉宗の享保年間の収入には、大きな差が生じています。

五代常栄（長左衛門）の代、元禄六年（1693）の吹賃が銀三五・四貫目、座分配当銀が銀一四貫目、合計で四九・四貫目の収入がありました。いまのお金にして1億3300万円ですが、享保八年（1723）になると座分配当がなくなり、吹賃も銀一一・五貫目に減り、いまのお金で3100万円ほどになってしまいます。三〇年で年収が四分の一以下に減ってしまったのは、改革と鋳造銀高の大幅減少が原因だったのでしょう。

以降、大黒家の困窮が続き、八代常房（長左衛門）の寛政一二年（1800）になると寛政の改革の一環として銀座自体が幕府勘定所の管理に移され、江戸大黒家は解雇、銀座役所は縮小されてしまいます（銀座役所は翌年に人形町に移転します）。

4 江戸の流行発信地・芝居町と遊里吉原
――千両役者と遊女屋の主人はいずれも超高額所得者だが…

江戸時代の花形スターといえば歌舞伎役者です。三代将軍家光の時代を描いた『江戸図屛風』には、日本橋近くに芝居町と遊里吉原が隣接して描かれています。でも、そのころの歌舞伎は、出雲の阿国《おくに》（女歌舞伎）以来の踊りが中心で、いまの歌舞伎のように花形役者が芝居を演ずるようになるのは17世紀の後半になってからのことでした。

延宝元年（１６７３）に一四歳で初舞台を踏んだ初代市川團十郎は〝荒事〟とよばれる誇張した演技が受けて江戸のヒーローになり、上方の坂田藤十郎と並び称され、元禄歌舞伎を代表する花形役者となります。元禄時代に土間と桟敷に分かれた芝居小屋が出現したのも、團十郎の活躍の時期とかさなっています。

江戸の芝居町は、日本橋の堺町と葺屋町《ふきやちょう》、汐留に近い木挽町《こびきちょう》にありました。堺町と葺屋町は隣接しているため、場所としては二か所といえます。いずれも歌舞伎の芝居小屋が中心で、堺町が中村座、葺屋町が市村座、そして木挽町が森田座です。三座とよばれ、幕府の許可「御免」を得ているため、その証拠として「大櫓《おおやぐら》」を揚げていました。

興行主の座元は、役者も兼ねています。中村勘三郎・市村羽左衛門《うざえもん》・森田勘彌《かんや》が座元の名前ですが、歌舞伎ファンの方なら、ご存じの名前といってよいでしょう。いずれも、17世紀から代を重ねていますので、代々の世襲名ということになります。團十郎が二代目になったとき、*江島（絵島）事件が起こり、歌舞伎は衰退を余儀なくされ、芝居小屋も以前の屋根なしの〝青空天井〟にもどされてしまいます。

18世紀（江戸中期）前半の八代将軍吉宗の時代に桟敷席が許され、芝居小屋は旧観をとりもどしますが、質素倹約を唱える享保の改革中であり、歌舞伎は興隆のときを待つことになります。吉宗が隠居して大御所になると、それを待っていたかのように歌舞伎が興隆します。これには、大坂の人形浄瑠璃の作者三人による作品三つが引き金となりました。

三作品は『義経千本桜』『菅原伝授手習鑑』『仮名手本忠臣蔵』で、いずれも人形浄瑠璃の作品ですが、江戸では歌舞伎の脚本に直して上演されています。なかでも『忠臣蔵』は元禄の赤穂事件を題材としているため、これまで江戸での興行を遠慮してきましたが、幕府からの咎めはありませんでした。おかげで、三座同時にロング興行となります。

このような経緯で18世紀（江戸中期）後半は、歌舞伎の人気が沸騰し、いまにつながる花形役者がたくさん登場します。松本幸四郎、尾上菊五郎、坂東三津五郎、岩井半四郎などなどです。ということは、役者の給料も天井知らずとなったことが思われます。

19世紀（江戸後期）の文化一二年（１８１５）の「役者給金附」によると〝千両役者〟が七人います。芸評が「至極上々吉」の二代助高《すけたか》屋《や》高助《たかすけ》、同じく「極上々吉」の五代松本幸四郎・三代坂東三津五郎・三代中村歌右衛門・五代岩井半四郎・三代嵐吉三郎、そして「大上々吉」の七代市川團十郎です。このうち、歌右衛門（三八歳）だけには、座元から「ほうび百両」のプラスがあり、金一一〇〇両は、いまのお金にすると１億７８２０万円になります。

一方、日本橋の芝居町に隣接していた遊里吉原は、17世紀の明暦の大火（１６５７年）のあと、幕府の命令によって浅草田んぼに移されてしまいます。移転先は、名前のとおり、郊外の辺鄙な場所となるため、幕府は移転費用の負担のみならず、①面積を五割増しにし、②夜間の営業を認めるなど優遇策を講じています。浅草田んぼに移った吉原は「新吉原」

＊七代将軍家継時代、江戸城大奥御年寄の江島らが歌舞伎芝居を見物したことに端を発する綱紀粛正事件（この事件で木挽町の山村座が廃絶）。

御城
神田橋御門
もともと神田明神があった場所で、ここから堀の外側一帯が神田
北町奉行所
駿河町
三井越後屋があった
芝居町
歌舞伎の芝居小屋二座が置かれ、多くの千両役者を生んだ
庶民の暮らした地
御城に近接する日本橋、京橋、神田などに庶民の居住地・長屋が連なる
吉原
明暦の大火（1657年）まではこの地にあった
新吉原
幕府の命令で浅草田んぼに移される。
隅田川（大川《おおかわ》）
江戸の町を潤す偉大な川。大川という美称も、尊敬の意から
浅草御蔵

「安政六年　須原屋版」より

（図表6）江戸の町の地図（1859年）

御城（江戸城）
徳川将軍家の居城。江戸っ子のほこりは、御城の櫓《やぐら》の鯱瓦《しゃちがわら》が見える地に住むこと
南町奉行所
銀座
芝居町
歌舞伎の芝居小屋のもう一座がここに置かれた
日本橋
江戸の町の中心であるだけでなく、五街道の起点として国中に知られた名所
内海（江戸湾）

とよばれます。

18世紀（江戸中期）後半になると、吉原の客層が変わります。吉原通の文人山東京伝は、お客について、大名家の外交官（留守居）、セレブな旅人、豪商の主人、大名のご隠居と述べています。自分たち文人や絵師が入っておりませんが、当然、自分たちも客ということでしょう。新吉原に生まれ育った本屋（耕書堂）の蔦屋《つたや》重三郎《じゅうざぶろう》が出版界に登場してくるのはこのころのことです。

不夜城となった新吉原が繁昌し、たくさんの女性を抱える遊女屋（妓楼《ぎろう》）の主人の収入がうなぎ上りになり、超高額所得者になったことは間違いないのですが、残念ながらデータが残っておりません。わずかに次項でふれる花魁にかけた高額な費用から推察することができるのみです。

5 大奥女中と吉原花魁

——江戸でいちばん稼ぐ女性は誰か

これまでは男性ばかりでした。ここで女性に目を向けてみましょう。まずもって思うことは、武家の女性はどうしていたのだろうかということです。江戸時代のことをあれこれと調べていても、あまり武家の女性のことには出あいません。でも、江戸城や将軍（公方様）の話になるとかならずでてくるのが〝大奥〟です。

江戸城の本丸の敷地は、三万四五〇〇坪余の広さがあります。いまの東京ドームが約一万四〇〇〇坪ですから、二・五倍ほどです。この広大な本丸に建つ御殿は一万一三〇〇坪ほどで、幕府の政庁「表」と公方様の私邸の「奥（中奥）」御殿が合わせて四六〇〇坪ほどで、大奥御殿が六三〇〇坪ほど、大奥御殿のほうが広いのは、公方様の正室（御台様）の住空間でもあったからです。

では、大奥で働く奥女中の数はいかほどだったのでしょうか？　19世紀の幕末にくだりますが、一四代将軍家茂のときは、公方様付き一三二人、御台様の和宮付き七一人、天璋院付き九一人、本寿院付き五六人、実成院付き三九人、計三八九人いました。天璋院篤姫は先代家定の御台様、本寿院は家定の生母、実成院は家茂の生母です。

職階については、家定時代のデータがあり、公方様付き二四、御台様付き一七に分かれていたことがわかります。トップは公家出身の上臈御年寄三人と武家出身の御年寄四人です。給料については、18世紀（江戸中期）の後半、一〇代将軍家治時代の御年寄筆頭高岳《たかおか》を例としましょう。本給の切米が一〇〇石、手当の合力金一〇〇両と扶持米一五人分の支給がありました。いまのお金にして3502万円になります。

御年寄は、公方様に御目見（対顔）できる旗本の娘・養女に限られますが、一生奉公となるので、生活苦の旗本の娘が、両親・弟妹のために大奥奉公に出、仕送りをしていたという話もあります。その意味では、充分な収入といえるでしょう。

町に暮らす庶民にとって、御城のなかはうかがいしれない空間です。でも、町のなかに御城の大奥を模したかのような場所がありました。それが遊里の吉原です。御城のように堀で囲まれ、郭《くるわ》とよばれるのもそのことを示しています。つまり、庶民にとっては、一度はのぞいてみたい異空間だったことになります。

（図表7）江戸城と「表」「奥」「大奥」

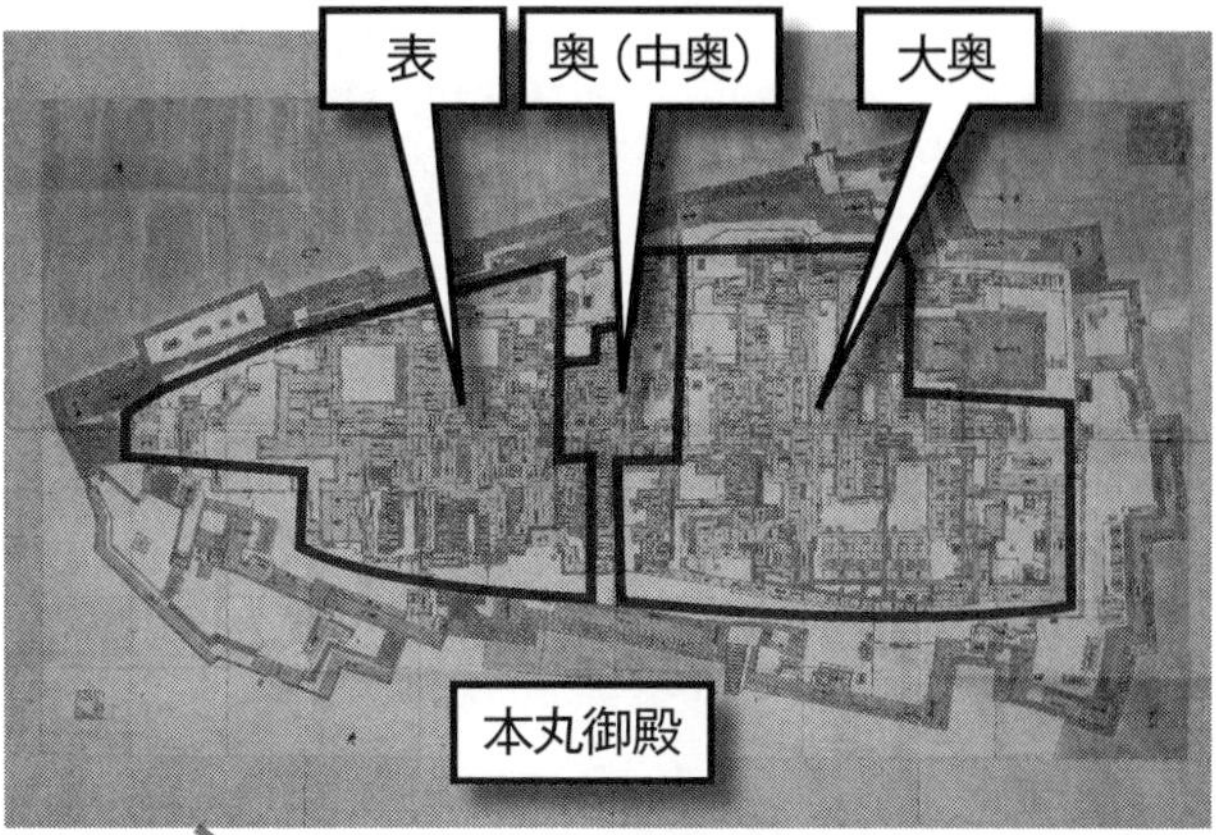

「江戸城御本丸御表御中奥御大奥総絵図」
（東京都立中央図書館特別文庫室所蔵）より

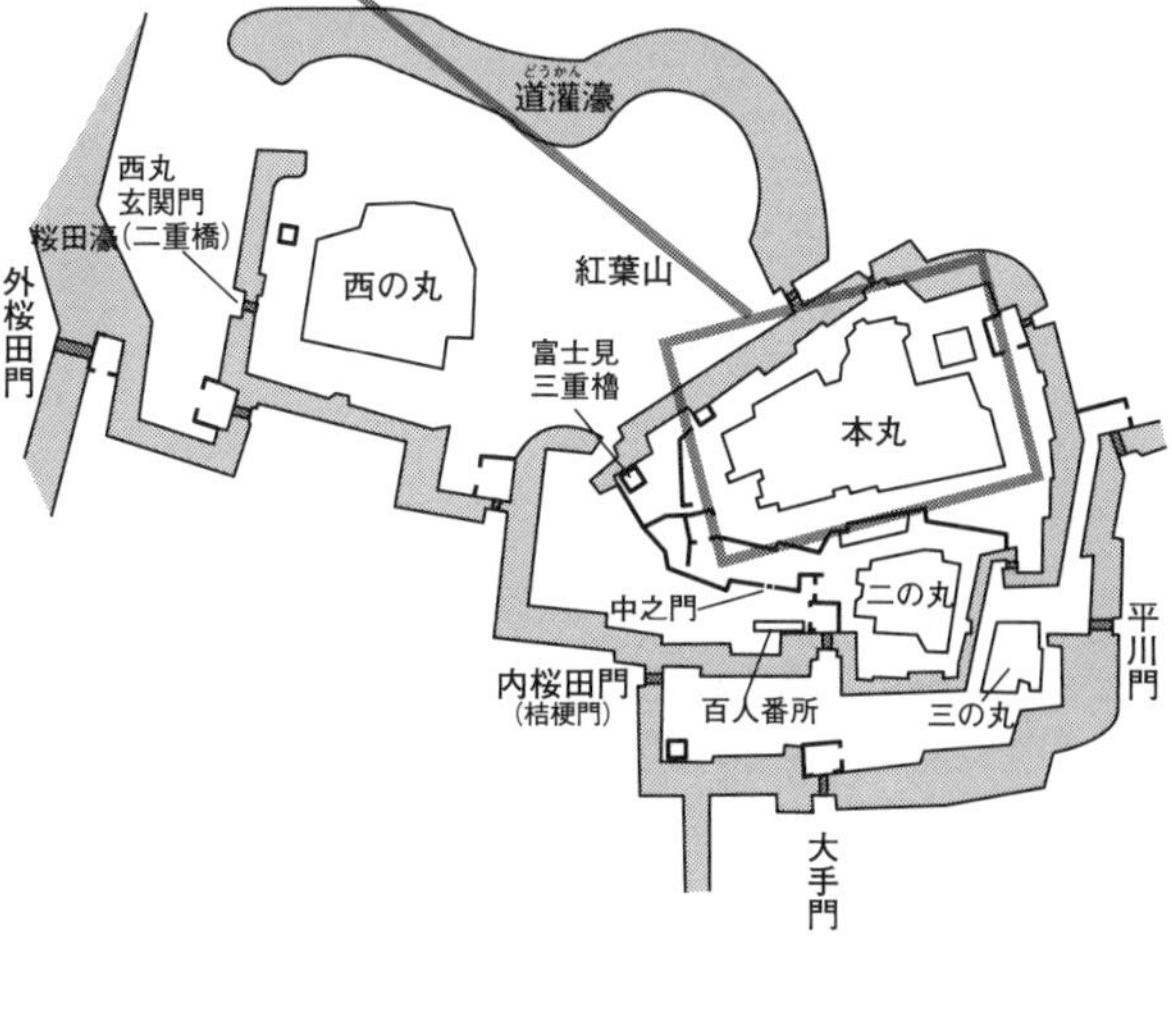

吉原の主役は、花魁です。かつては、太夫・格子・端・局・散茶・梅茶など、ランクによる呼称がありましたが、18世紀（江戸中期）末の寛政年間に、遊女の称を廃し、遊女屋を△△楼と改め、大籬《おおまがき》・交《まじ》り半籬・総半籬などのランクに分け、花魁の揚げ代を金三分・金二分・金一分・金二朱と定めています。

客が妓楼に上り、花魁の妹新造《しんぞう》を同席させれば、費用は花魁金三分＋妹新造金二分＝一両一分（20万2500円）となります。さらに、宴席に芸者や幇間《ほうかん》などが加わると祝儀をはずまなければなりません。つまり、費用が増える仕組みになっていたのです。でも、客はそのことを承知していたことでしょう。

19世紀（江戸後期）の文化年間に「武陽隠士《ぶよういんし》」と名乗るご隠居が、花魁は一年間に金五、六〇〇～七、八〇〇両もとらなければ、身のまかないすらできない、という情報を得ています。いちばん高い金八〇〇両をとり、いまのお金に換算すると、1億2960万円になります。これは、揚げ代金三分の最高ランクの花魁のことといいます。

6　江戸の大寺院のお坊さんとお医者さん
――上野寛永寺住持の破格の収入と、江戸の医者の稼ぎ

江戸に暮らしているのは、武士と町人だけではありません。二割の地を占める寺社がありますので、お坊さんも神官も大勢いたことになります。また、江戸には大名家の屋敷があり、殿様が暮らしていますから、医者もたくさんいました。当然、江戸城勤めの医者もたくさんいたことでしょう。興味深いことに幕府に仕える医者は頭を剃っていました。

江戸の寺院の代表は、将軍家の菩提寺となった上野の東叡山寛永寺と芝の三縁山増上寺といってよいでしょう。寛永寺が天台宗で、増上寺が浄土宗と宗派は違いますが、ともに将軍家の菩提寺です。おもしろいことに、それぞれに六人の将軍の御霊屋《みたまや》があります。あと三人は、日光山に家康と家光、谷中の霊園に〝最後の将軍〟慶喜が眠っています。

寛永寺の開山は天海大僧正（慈眼大師）で、二代となったのは高弟の公海大僧正（公家の出身）でしたが、その跡を継がれたのは後水尾天皇の子、守澄《しゅちょう》法親王でした。東叡山と日光山（東照宮）の門主、比叡山の座主を兼ねるので、三山兼帯の輪王寺宮とよばれ、

日光山と上野の山を往来しています。何と、江戸に天皇家の宮様がおられたのです。宮様は、日光山と上野（鶯谷《うぐいすだに》）に住居がありました。幕府から一万三〇〇〇石の領地が与えられ、格式は御三家をしのぐほどです。宮様の収入をいまのお金に換算してみると、7億3710万円になります。ちなみに、寛永寺には、将軍家御廟所の維持のため、寺院としては破格の一万一七九〇石（6億6849万円余）の寺領が与えられています。

江戸には町に住む医者もいますが、多くは将軍家と大名家に抱えられています。18世紀（江戸中期）の後半に、オランダ語版の『ターヘル・アナトミア』を読み解いて安永三年（1774）に『解体新書』と題して出版した医者のグループも大名家お抱えの医者（藩医）たちでした。

翻訳作業をリードした前野良沢は豊前（大分県）中津藩奥平家の藩医、ほかの杉田玄白と中川淳庵は若狭（福井県）小浜藩酒井家の藩医というように諸藩の医者が参加しています。じつは、藩医だけではありません。将軍家の奥医師を務める桂川甫三《ほさん》の子甫周《ほしゅう》も翻訳作業の初期から参加していました。甫三は、息子を参加させるなど援助を惜しまなかったのです。できあがった『解体新書』を一〇代将軍家治にみずから献上しているほどです。

中心的な活動をした杉田玄白は、若狭小浜藩酒井家の下屋敷（家来たちの住む屋敷）で藩医の子に生まれ、成長して父の跡を継ぎました。隅田川沿いの浜町の中屋敷に住んでいたのですが、のちに旗本の屋敷内に地借《じがり》して一戸建てに移り、晩年に加増されて四〇〇石となっています。いまのお金にして2268万円になります。

このように、江戸には、将軍家（幕府）や大名家の家臣・家来として医業に精を出していた武家医者がたくさんいました。武家に限らず、町医者同様に、町人への薬療法もしていましたから、玄白たちの収入も、倍増とまではいきませんが、それなりに医業に精を出せるような別途収入があったことでしょう。

7 ついに発表！ 江戸の長者番付ベスト10

——職業比較で見えてきた、江戸のすごいお金持ちたち

お待たせしました。それでは、本章のまとめをかねて、これまでに紹介してまいりました江戸のお金持ちを次ページにランキングにしてみました。金額は、比較しやすいように、いまのお金で表記しています。

やはり、江戸城の将軍吉宗と〝加賀百万石〟前田家の収入がずばぬけています。大名家は、前田家に次ぐ石高の薩摩藩（鹿児島県）島津家や陸奥仙台藩（宮城県）伊達家なども、上位にランクすることはまちがいありません。大名家は一万石以上ですから、一般的な大名家の収入は、第4位の輪王寺宮様に並ぶか、それ以上となります。

三井越後屋は、呉服店・綿店など衣料品部門の店舗の利益金だけで第3位という高ランクですから、総売上金および両替店（いまの銀行業に相当）など三井グループ全体を合わせたら、幕府の閣僚も驚くような超高額の収入となることでしょう。ちなみに、三井越後屋の17億5500万円は、三万石の大名家の石高に相当します。

（図表8）江戸の長者番付ベスト10（職業別の比較）

順位	職業	代表人物	年収
第1位	将軍	江戸幕府八代将軍・徳川吉宗	1294億円
第2位	大名	加賀百万石・前田斉泰と溶姫君	1134億9201万6000円
第3位	商人	三井越後屋・三井八郎右衛門	17億5500万円
第4位	僧侶	東叡山寛永寺貫主・輪王寺宮様	7億3710万円
第5位	町奉行	江戸町奉行・大岡忠相（越前守）	2億2226万4000円
第6位	歌舞伎役者	三代中村歌右衛門	1億7820万円
第7位	職人	銀座吹所・大黒常栄（長左衛門）	1億3300万円
第8位	花魁	吉原の人気花魁	1億2960万円
第9位	火付盗賊改	長谷川宣以（平蔵）	1億230万3000円
第10位	奥女中	江戸城大奥女中御年寄筆頭・高岳	3502万円
次　点	医者	若狭小浜藩酒井家藩医・杉田玄白	2268万円

江戸の町奉行大岡忠相（越前守）の給料は、歌舞伎の〝千両役者〟を超えています。三代中村歌右衛門は、上方役者ですが、その収入から江戸でも大変に人気のあったことがわかります。また、花魁の収入も大変に高額ですから、いまの芸能界の高額所得は、江戸時代にはじまったといってよいでしょう。

意外だったのは、江戸城大奥の奥女中のトップ、御年寄の収入がそれほどではなかったことでしょうか。とはいえ、大名家などからの祝儀の贈答など、余禄といえる収入が別途にあったことが想像されますが。

本章では、収入に注目しましたので、支出については、2章以降でふれることになります。その意味で、本章は〝江戸のお金持ち事情〟の入り口といえます。どうぞ、驚きの話を期待しながら、2章以降の話をお楽しみください。

2章

江戸時代、あの職業・この商売の意外な給料事情

◇貧乏武士は年収100万円以下、町人・農民は意外にも…

本章では、世界最初の百万都市に発展した江戸に暮らす人びとに注目し、その収入や生活ぶりを明らかにします。

江戸城のまわりには武家屋敷がびっしりと立ち並んでいます。1657年の明暦の大火後は、非常時の避難用屋敷を郊外に与えられる武家や、みずから郊外に移る武家もあり、拡大された江戸（御府内）の六割以上の面積に五〇万の武家が住むようになります。

町人地は、江戸城の東側を整備し、東南の砂州《さす》を埋め立てるなどして造成されますが、17世紀の後半には飽和状態となり、明暦の大火を機会として、隅田川の東岸も市中に組み入れ、二割以下の面積に武家と同数の五〇万の町人が住むようになります。

残りとなる二割以下は寺社の空間で、城下町を囲むように、緑豊かな境内が広がっています。郊外の農村では〝地産地消〟をモットーに江戸野菜などが生産され、市中に設けられた野菜市場が、日本橋の魚河岸とともに江戸の胃袋をささえています。

次いで、江戸の女性についてふれます。また、大名家の郊外屋敷にはご隠居が住んでいますので、武家の老後の経済事情についても言及しましょう。思わぬ副産物の話があるかもしれません。さいごは、身分の壁を破り、農民から旗本になった事例を紹介します。

大名と旗本・御家人、その家来…同じ武士でも雲泥の差

江戸に暮らす武家は、将軍家家臣の大名家と旗本・御家人です。合戦が起これば、将軍家の先陣の主将となり、将軍を護衛する任務につき、または軍需物資の輸送などをになします。泰平の世になっても、常に、有事の危機感を持ちながら、一万石以上の大名家は交代で一年おきに江戸に参勤し、天皇の勅使饗応役や「見付」とよばれた御門の警衛などを務め、一万石未満の旗本・御家人は江戸に暮らし、与えられた仕事を務めます。

大名家は、17世紀（江戸前期）初めに二二〇家ほどでしたが、19世紀（江戸後期）には二六〇家以上に増えています。旗本は五〇〇〇人ほどで、御家人は一万七〇〇〇人ほどです。大名にも、旗本・御家人にも、江戸暮らしの家族や家来・奉公人がおり、合計の武家人口が五〇万であったと推測されています。

大名は領国・領地に居住のための城や陣屋を設けていますが、将軍家から江戸に拝領した屋敷に正室と嫡子（後継者）をおき、原則として一年ごとに国許と江戸を往来しなければなりません。江戸での経費は国許から送られることになりますが、国許の領地からの収

入の三割を占めるため、大きな負担となっています。

出雲（島根県）松江藩松平家の例を示しましょう。越前（福井県）松平家の分家で、石高は一八万六〇〇〇石です。18世紀（江戸中期）後半の明和五～六年（1768～69）のデータによると、江戸経費は収入の三割近くを占めています。金額にすると三万五〇〇〇両で、いまのお金で56億7000万円になります。

江戸と国許を往来する参勤交代には、家来や奉公人が大勢同行するため〝引っ越し〟といっても違いはありません。つまり、大名当主は、毎年、江戸→国許、あるいは国許→江戸、と引っ越しをしていたことになります。殿様のいるときの江戸屋敷はにぎやかですが、殿様のいないときは静かだったことでしょう。

旗本は、はじめは領地に住んでいたのですが、江戸に移住するように命じられ、江戸住まいとなりました。それゆえ、元祖江戸っ子といってよいでしょう。でも、領地を持つ旗本は、大名家と同じように、年貢（税金）を徴収しなければなりませんので、年貢米とお金を領地から送ってもらう必要があります。

領地は、江戸の周辺だけではありません。全国に分布するため、徴収を担当する家来・奉公人を抱える必要があります。事例を示しましょう。駿河（静岡県）富士郡で二五七〇石余の領地を有する戸田家には家来一〇人と奉公人二二人がいました（若林淳之『旗本領の研究』）。奉公人は、門番・料理人・米搗きと中間一八人です。

18世紀（江戸中期）後半の天明五年（１７８５）の年貢米は八七〇石余でした。富士郡の領地で支配にあたる事務所「陣屋」の経費などを差し引いた金八一六両余が、翌天明六年の江戸屋敷の予算で、いまのお金にして1億３２１９万円余となります。このうち、家来・奉公人に払う給料は金一三一両余といいますから、２１２２万円余です。

なお、旗本夫妻（子どもはいません）の生活費は金一三二両余、つまり２１３８万円余ですから、家来・奉公人の給料とほぼ同じで、一か月にすると金一一両余、１７８万円余となります。旗本夫妻の生活費が二点だけわかります。一つは煙草（多葉粉）代で月に金一分ですから4万円ほど、もう一つは「御料理一式代」で金三分ですから12万円ほどです。

料理については「平日御二方様御朝夕御料理　魚・青物・鰹節・酢・酒の代」と但し書きがあり、18世紀後半の旗本家の食事が朝・夕の二食だったことがわかります。それにしても、旗本夫妻の食事代が一日４０００円ほどとは驚きです。戸田家も借金を抱えており、旗本みずから「質素倹約」の暮らしを実施していたということかもしれません。

家来のうち、二人の給料がわかります。大名家の家老に相当する用人が金一〇両三人扶持です。手当となる一人扶持は一日米五合の支給で毎月晦日《みそか》の受け渡し、一年間で一・七七五石になります。合計するといまのお金にして248万円余の年収です。もう一人は金四両一人扶持なので、いまのお金にして93万5000円余に過ぎません。

旗本・御家人は、いまの公務員に相当します。上級の旗本は国家公務員、下級の御家人は地方公務員にあたるといえるかもしれません。この比較では、いまに比べると大変な高給をもらっていたことになりますが、現在の公務員は「家来・奉公人」にあたる人を雇うことはないと思いますので、収入の全額を自分、または家族のために使うことができます。そのため、右のように暮らしに注目すると、収入のわりに質素だったことがわかります。

江戸の町人である職人の一般的な給料は…

将軍の城下町江戸の町人五〇万人は〝天下の台所〟とよばれた大坂の三八万人、ハイテク都市の京都の三五万人を上まわる日本第一の人口でした。城下町の中心は、北を神田川、東を隅田川、南を汐留川、西を御城の外堀（いまの外堀通り沿い）で囲まれた、神田・日本橋・京橋・銀座地区です。

そのなかで、日本橋の北に金貨鋳造の「金座」が置かれたことから、その周辺に町政の窓口となる「町年寄」三人に屋敷が与えられました。町年寄は、まもなく町奉行の配下となりますから、いまの東京都の副知事（定員4人）にあたります。江戸は町人による自治都市だったのです。

町人とは、本来的には将軍家（幕府）の御用を務める商人と職人のことです。それゆえ、幕府は、町人の居住地を江戸城の近く（外堀沿いの東側）に定め、職業別に分けることにしたのです。金座（本町一丁目）の東と南（日本橋の南北）を商人の町とし、北の神田辺りと南の京橋辺りを職人の町としました。

職人の給料にふれましょう。19世紀（江戸後期）の『柳庵雑筆』に日雇いの大工の例が載っています。職人の給料は銀貨建てでした。それゆえに、給料の単位は銀の「匁」と「分《ふん》」が用いられています。一匁は一〇分です。でも、支給は銭貨でした。生活用品の売買は銭なので、職人は銭のほうがありがたかったのです。

事例は、夫婦と子ども一人の三人暮らしで、借家に住んでいます。日給は、銀四匁二分と手当の飯米料が銀一匁二分で、合計銀五匁四分となります。一年間三五五日（旧暦）のうち、正月と節句、そして悪天候の日が休みとなるため、実働は二九四日で、年収は銀一五八七匁六分となり、いまのお金で428万6520円です。

支出についてもふれましょう。合計で銀一五一四匁、内訳は、食費が、米代三五四匁と塩・醤油・油・炭代七〇〇匁を合わせて一〇五四匁、それに家賃一二〇匁、道具・家具代一二〇匁、衣服代一二〇匁、慶弔費一〇〇匁とのこと。いまのお金にして合計で408万7800円になります。火事や自然災害などで実働が減ったら、収支の差、19万8720円を積み立てて対処するのでしょう。もっとも、火事の場合、大工の仕事が増えるので、積み立てはさらに増えることになります。

コラム

〝風が吹いて〟儲かったのは桶屋ではなかった！

小学館の『日本国語大辞典』によると「桶」は「杉または椹《さわら》の細長い板を縦に並べ合わせて輪にして底をつけ、箍《たが》でしめた円いうつわ」とあります。江戸時代には、風呂屋の洗い桶から行水の盥《たらい》、魚売りの盤台、とても大きな井戸枠まで、大小いろいろな桶類が用いられ、江戸っ子がもっとも重宝した生活用品でした。

18世紀（江戸中期）の明和五年（1768）に出版された無跡散人の浮世草子『世間学者気質《かたぎ》』や、19世紀（江戸後期）の享和三年（1803）出版の十返舎一九の滑稽本『東海道中膝栗毛』二編を見ると〝風が吹けば桶屋が儲かる〟ではなく〝風が吹けば箱屋が儲かる〟という話になっています。どういう話なのでしょうか？

『膝栗毛』によると、江戸では毎日途方もない風が吹くため砂埃が舞い、目に砂が入って目の見えなくなる人が増えます。その人たちの仕事として三味線が必要となるため、三味線の皮に使う猫がいなくなります。すると鼠が増えて箱をかじるため箱屋を仕事にすると儲かるというのです。儲かったのは、桶屋ではなく、箱屋でした。

では、なぜ桶屋になったのでしょうか？　桶職人は、17世紀（江戸前期）前半は京橋の「桶町」に集住しており、関八州桶大工頭を称する名主細井藤十郎（世襲名）のもとで、一年間に千人が幕府への勤労奉仕に応じていたのですが、明暦の大火（1657年）の前ごろから、江戸の発展にともない、桶町を離れて市中に移り住むようになります。

いまの〝風が吹けば桶屋が儲かる〟は、江戸のどこにでも桶屋がいたこと、江戸っ子が重宝した器だったことから、桶屋が繁昌するようになり、箱屋が桶屋に変わったということでしょう。

ちなみに、幕府は、明暦元年（1655）に公定賃銀を定め、これを勤労奉仕の代銀の基準とします。例えば、上大工の場合は、手当の飯料（昼食代）込みで日給銀三匁なので、いまのお金にすると一日8100円でした。

農民はどのくらいの年貢を、どのようにして納めていたのか

江戸の範囲は、19世紀（江戸後期）の文政年間に、寺社奉行の朱引き線と町奉行の墨引き線の内と定まります。これは、17世紀（江戸前期）後半から出版されてきた一枚図の江戸大絵図に描かれた〝四里（16㎞）四方〟にあたります。中心にある日本橋から、南は東海道第一宿の品川まで、北は日光道中（奥州道中）の千住までが含まれています。

江戸の郊外には田園風景が広がり、日本橋から二里（約8㎞）、2時間ほど歩くと農村がありました。八代将軍吉宗は〝地産地消〟となる野菜の生産を奨励したので、小松川（江戸川区）の小松菜、寺島（墨田区）と駒込（文京区）の茄子《なす》、千住（足立区）の葱《ねぎ》、練馬（練

馬区）の大根など、いろいろな名産が誕生しました。水路や陸路で各所の青物市場に運ばれ、魚河岸とともに百万都市の胃袋を支えていたのです。

そんな農民の平均的な年収はいくらだったでしょうか？　武蔵豊島郡徳丸村（東京都板橋区）の事例が『柳庵雑筆』に見えるので紹介しましょう。

夫婦二人暮らしのため、繁忙期には日雇い一人を雇うといいます。田んぼ一町からの米の収穫は二〇石、三斗五俵入りの米俵にすると五七俵余となります。畑五反では、大根を生産しています。二万五〇〇〇本とれるので銭一三万五〇〇〇文になります。畑五反のうち、三反は二毛作で麦六石五斗の収穫がありますが、これはすべて自家消費用とのことです。

いまのお金にすると、米二〇石は３２４万円で、大根を売った代銭一三万五〇〇〇文は３３７万５０００円（大根１本は１３５円）です。米と大根代を合わせた６６１万５０００円が年収となります。なお、税金の年貢は米五石（一四俵余）と畑作分銭三〇〇〇文なので88万５０００円です。いまの平均的な農家よりゆとりがあるでしょうか？　手取りは５７３万円。でも、すべて手作業ですから重労働であり、休みが少ないといえるかもしれません。

では、個々の農民は、税金の年貢をどのように納めていたのでしょうか？　収穫の秋を迎えた農村の作業をみてみましょう。農村では、新穀を祝う八朔《はっさく》（八月一日）までに田んぼの稲刈りをはじめます。農民は、刈り上げた稲を干して乾燥させたあと家に運び、脱穀や俵詰めなどをおこない、年貢納入の準備をします。原則として家族労働です。

九月になると、領主（幕府や旗本・寺院）から今年の税金明細の「年貢割付状」が村に届きます。宛名は、村を代表する村役人の名主・組頭・百姓代です。つまり、税金の年貢は、個々の農民に連絡があるのではなく、村宛てだったのです。村役人は記載された期限の一一月中旬までに年貢を納めることになります。このような仕組みを「村請」といいます。

年貢割付状に記載された年貢は田んぼの米だけではありません。野菜が穫れる畑の年貢や雑税などの諸役は、銭貨で納めるように記されています。早速、村役人が中心となり、個々の農民が納める年貢の内訳を決定する作業をおこないます。これには、領主の役人は関与しません。すべて村で自主的に決めていたのです。

個々の農民は、自分の年貢分の連絡を受けると、すみやかに年貢米と銭貨を村役人に渡さなければなりません。連絡は一〇月のことですから、すでに俵詰めのできている分があれば連絡以前の九月から納入をはじめています。納入場所は、村によって違いました。村役人の名主宅の蔵だったり、村所有の蔵だったりします。

集まった年貢は何回かに分けて領主の蔵に運び込みます。無事に完納すると、村では「皆済目録」を作成して領主に提出します。領主側の役人に記載内容を確認してもらい、署名・捺印の上、村方にもどしてもらいます。納入期限が一一月中旬ですから、皆済目録の提出は一二月になります。年内に年貢納入の作業をすべて終わらせなければなりません。

右のとおり「村請」でしたので、個々の農民の納税作業は、割り当てられた年貢米と銭貨を村役人に納めることでした。ちなみに、畑の分の年貢（銭貨）は、年貢米納入より以前、収穫時の夏と秋に先納しており、年貢を納めるときは残額で済みます。つまり、銭貨の分は、収穫した野菜を江戸の市場に運び込んで売買し、銭貨に代えていたのです。

江戸の母親たちが娘に熱心に習いごとをさせたワケ

江戸は、17世紀（江戸前期）初頭の慶長八年（１６０３）に家康が将軍になったことにより〝天下人〟の城下町として大改造がおこなわれました。動員された全国の大名家が働き手となる男性を江戸に集めたことから、男性の多い都会として出発したのです。

18世紀（江戸中期）の前半、八代将軍吉宗のときに初めておこなわれた町人の人口調査の結果、男性三二万三〇〇〇人、女性一七万八〇〇〇人であることがわかります。男性64・5％、女性35・5％ですから、依然として男性の多い都会です。

でも、それから百年が過ぎた19世紀（江戸後期）の天保三年（1832）になると男性二九万人、女性二四万人、男性54・5％、女性45・5％と差が縮まっています。

百年間に男性が10％減少し、女性が10％増えたことになります。一体、どのようなわけがあったというのでしょうか。残念ながら正確なことはわかっておりませんが、全体では四万人以上増えているのに、男性が増えずに女性だけ増えたのは、何とも不思議な話です。出生の結果としたら、これほど偏ることはないでしょう。

女性が増えたことにより、家庭を持つ男性が多くなったことが想定されます。でも、独身男性の住宅は〝九尺二間〟（間口九尺〈一間半〉、奥行き二間）ですから、部屋は4畳半ほどです。新婚のときは問題ないといえますが、子どもが一人、二人、と増えていったら、ものを持たない生活をしていたとしても、狭い住空間といえるでしょう。

19世紀の文化年間になると江戸の長屋は二階建てになります。そのわけは、家族で住みたいとの要望が増したことなど、需要と供給の関係によるといってよいでしょう。生まれ

(図表9)表店(見世)と庶民の住む裏店(長屋)

『浮世床』より

表通りにある裏店の入口には木戸が設置されていた。木戸の開いている間は、いろいろな行商人の往来でにぎわった。

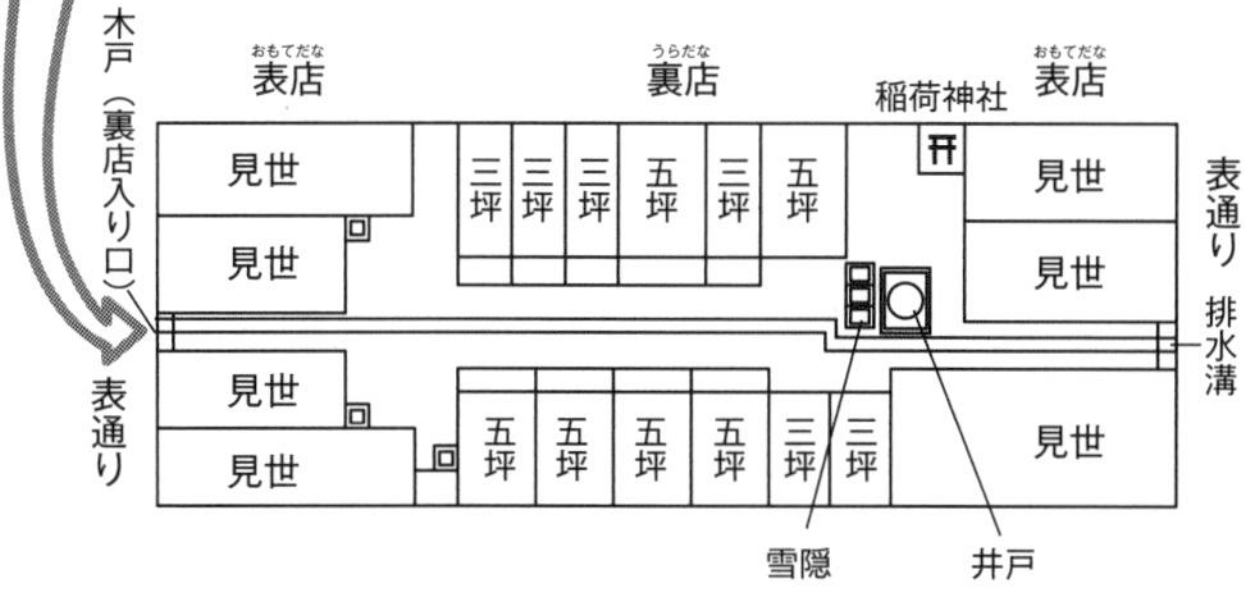

た子どもたちは、手習所に通い、読み書きを学んでいます。女の子の場合は、手習いのほかに、踊りや三味線・琴・裁縫などの習いごともしています。

女の子の教育担当は母親です。どうして習いごとをするのかというと「御奉公に出る為」（式亭三馬『浮世風呂』）で、母親が熱心なのは「山だの、海だのとある所の遠くのほうで」生まれた自分が、江戸に出てきて武家屋敷に奉公し、いまの旦那と出会ったというストーリーがあったからのようです。

奉公先は武家屋敷にとどまりません。将軍家の御家人を「宿元」（仮親・保証人）とすれば、御城の大奥への勤務も可能です。大奥には、いろいろな仕事があります。1章でふれた御年寄など御目見《おめみえ》以上の上級職は旗本の娘に限られますが、御目見より下の下級職は御家人の娘・養女で問題ありません。何よりも、芸達者が望まれたのです。

大奥に「御末」とよばれる奥女中がいます。風呂や膳所《ぜんしょ》の水汲み、部屋の掃除が主務なので丈夫なことが条件だったかもしれません。19世紀の一三代将軍家定の時代には、将軍付き三五人、御台様（篤姫）付き一三人、計四八人の御末がいました。給料は、切米四石・合力金二両・扶持米一人分・薪三束・湯の木二束・半夜燈の油半分・五菜銀一二匁です。

切米四石は金四両ですから、合力金二両を足して六両。扶持米一人分は女性の場合、一日三合ですから、年間一・〇八石＝一・〇八両となり、これに五菜銀一二匁を加えて、いまのお金に換算すると、117万9360円になります。

多い年収とはいえませんが、武家の作法と躾《しつけ》・教養を学ぶことができるので、何年か勤めて退職し、町人と結婚することも一つの選択です。いまの大学の寮生活のようなものと考えると、毎年手当がもらえるのはありがたいことです。母親のねらいは、このような点にあったのかもしれません。

七〇歳以上なら退職金を上乗せ？ 武士の隠居事情

歴史学者・氏家幹人氏の著書『殿様と鼠小僧』によると、大名の隠居年齢は、①17世紀（江戸前期）が六〇・九歳、②18世紀（江戸中期）の前半が五三・九歳、③18世紀の後半が四七・四歳、④19世紀（江戸後期）が四五・八歳、というようになぜか下がっています。

肥前（長崎県）平戸藩主松浦清（壱岐守）は、19世紀の文化三年（1806）、四七歳のときに病気を理由に隠居しました。江戸城柳の間に詰める外様大名ですから、何の問題もなく、一一月一八日に松浦壱岐守の隠居と嫡子肥前守（熈《ひろむ》）の家督相続が認められています。

この年は、ほかにも四人の大名が病気で隠居しています。①三月一一日　出雲（島根県）松江藩主松平治郷《はるさと》（不昧《ふまい》）　五六歳、②七月二六日　信濃（長野県）飯山藩主本多助受《すけつぐ》　四三歳、③八月五日　武蔵岡部（埼玉県）藩主安部信亨《のぶみち》　四九歳、④一〇月六日　下総（千葉県）小見川藩主内田正純　五一歳。五人の平均年齢は、四九・七歳です。

隠居した清は、幕府の承認を得て「静山」と号し、一万四五〇〇坪余の浅草鳥越（台東区）の上屋敷から、隅田川の向こう側となる、一万二〇〇〇坪余の本所牛島（墨田区）の屋敷（下屋敷＋抱屋敷）に移り〝養生〟に努めることになります。六二歳になった文政四年（１８２１）一一月一七日の甲子の夜から随筆『甲子夜話《かっしやわ》』を書き始め、八二歳になった天保一二年（１８４１）に没しています。隠居生活は三六年の長きに及びました。

静山の隠居料はいくらだったのでしょうか。肥前平戸藩松浦家の石高は六万一七〇〇石です。でも、実収入は一〇万石あったようですから裕福な藩といってよいでしょう。氏家氏によると、平戸藩から与えられた静山の一年間の生活費は、一万石の手当と金三六〇両とのことです。いまのお金に換算すると６億２５３２万円となります。平戸藩が裕福だったとしても、これほどの金額になるのは、やはり江戸の隠居屋敷の維持費が高かったことによるのかもしれません。

静山は情報に敏感でした。没するまでの二〇年のあいだ書き続けた随筆『甲子夜話』には、大名や旗本に関する聞き書きや逸話、世相や風俗に関する見聞談、天変地異の話、はては政治・外交・軍事の話など、入手したいろいろな情報が記されています。そのなかに次のような記事があります。

七五歳になった天保五年（1834）のこと、静山は、懇意な旗本林述斎（大学頭、六七歳）から「今年の歳づけ」と題する紙片を見せてもらいます。それは、七〇歳以上の旗本で、上級の役職者五〇人のリストでした。八〇歳の御鎗奉行松下保綱（伊賀守）が作成したもので、毎年改訂版が作られているといいます。ちなみに、御鎗奉行は二千石高の役職なので、八〇歳の松下保綱の年収はいまのお金にして1億1340万円となります。

幕府では、七〇歳以上の「極老《ごくろう》」で辞職すると、金二枚の「褒美」がもらえます。もちろん、条件をクリアーしなければなりません。金二枚は、一両小判ではありません。幕府が贈答に用いる〝一〇両大判〟です。ただし、一枚の価値は、額面どおりではなく、七両ほどとされています。それでも、いまのお金にすると、二枚で226万8000円ほどになります。退職金としては多くないかもしれませんが、予想外の一時金と思えばありがたいといえるでしょう。あるいは、これが目的で旗本たちは隠居を伸ばしたのかもしれません。世間並みに四〇代の初老で隠居した松浦静山ですが、情報の豊富な江戸に住んだおかげで、生来の好奇心が満たされ、さらに超高齢な旗本役職者のことを知ったことにより、老いを楽しむ元気が出たのかもしれません。没年の八二歳の長寿は、そのことを示しているといってよいでしょう。

庶民でも〝この才覚〟があれば武士になれた！

18世紀（江戸中期）の後半になると、町人や農民が「武士」になることが可能となります。江戸に暮らす、幕府の「御家人」です。ただし、そのためにはお金が必要となります。理由は、御家人のなかに、生活困窮により、あるいは老齢で子どもがいないことから「家」をお金で譲りたい人がいたのです。

では、その金額はいくらぐらいなのでしょうか？　相場があり、下級の「同心」が金四〇〇両、上級の「与力」が金一〇〇〇両、中間といえる「御徒《おかち》」で金七〇〇両といわれています。いまのお金に換算すると、同心の四〇〇両は6480万円、与力の一〇〇〇両は1億6200万円、御徒の七〇〇両は1億1340万円になります。

右の金額をいまの時代のなかで考えてみると、3LDKの高級マンションの売価といえるでしょう。ローンを組むと30年以上の支払いとなるかもしれません。ということは、一生に一度の大きな買い物となります。一体どのような人が、いかなる思いで、高額を払って将軍家の御家人になったのでしょうか。

旗本男谷家の初代となった忠恕《ただひろ》（平蔵）は、二三歳の安永五年（1776）に御家人役の「西の丸持筒組」の与力になっています。初代なので、父、または養父の跡を継いだわけではありません。与力になれる御家人株を購入したことが推測されます。この点は、勝小吉『夢酔独言』（講談社学術文庫）の編者勝部真長氏の解説から明らかになります。

男谷家の「伝」によると、忠恕の父（農民身分）は、越後（新潟県）「小谷郷」（刈羽郡長鳥村のことか？）から江戸に出て盲人の最上級の官位「検校《けんぎょう》」（僧侶に準じる身分）に昇り、大名貸などの金貸しをして巨富を蓄えたことから、九人の子どもに金三〇万両余を遺し、金三万両余をもらった末子の平蔵が「旗本の養子」になったといいます。金三万両余は、いまの金額にすると、48億6000万円になります。

平蔵こと忠恕が買ったのは、与力になれる御家人株で、旗本ではありません。まして、養子だったかどうかは未詳です。

忠恕の勤め先となった江戸城西の丸の御殿には、一〇代将軍家治の後継者大納言家基が居住していました。忠恕の仕事は、御殿付きの鉄砲（持筒）を管理し、合戦が起こったときは戦場に運ぶことです。

持筒組は四組あり、それぞれ、頭のもとに与力一〇人と同心五五人のメンバーがいます。忠恕は、西の丸勤務の某組与力一〇人の一人となったのです。

給料は「現米八〇石」なので、いまのお金にして1296万円となります。御家人である与力株への金一〇〇〇両（1億6200万円）の投資は、一三年後の三六歳で元がとれる計算です。

ところが、忠恕は、のちに与力の生活を改め、幕府の財政を管理する勘定所の御家人役「支配勘定」（百俵）に転じています。さらに三三歳の天明六年（1786）に「勘定」に昇進して旗本に昇格しました。勘定の給料一五〇俵は、いまのお金にすると850万5000円ですから、与力に比べると400万円以上のダウンになります。ただ、昇格のできない与力と違い、旗本にはさらに昇格する可能性があり、またほかの役職に転じることもあり、出世の未来が開けています。どうやら、最終的に旗本になるのが目的だったようです。

でも、忠恕の出世は、ここまででした。ちなみに、旗本男谷家は長男の思孝《ひろたか》に継がれ、思孝は寛政九年（1797）二一歳の若さで勘定となり、新たな出世が始まります。なお、忠恕の三男惟寅《これたか》（小吉）は〝三河以来の旗本〟と称する勝家の養子となり、生まれたのが義邦（安房守）こと勝海舟です。

男谷忠恕は幕末の偉人勝海舟の祖父だったのです。

コラム

士農工商は身分の序列だったのか？

往来ものとよばれる手習いのテキストを見ていると「士農工商」という言葉に出あいます。手紙の書き方を学ぶ独習用のテキスト『大全消息往来』の冒頭に載っている口絵にもそれが記されています。

江戸時代の出版物は、いまと違い、こういった絵に対する説明がほとんどありません。そのため、読者が読み解かねばならないのです。

右上に描かれた「士」＝武士は偉そうにしています。隣の「農」＝農民は鍬《くわ》を持っ

（図表10）手習い（寺子屋）のテキストに載っている「士農工商」

「士」と「農」と同様に、「工」と「商」も、社会をささえる職業としてあつかわれている。厳格な身分の序列のイメージはみられない（『大全消息往来』より）

て武士と話をしています。二人ともおだやかな顔なので、例えば、税金の年貢の話をするときも、このように話すことを示しているのかもしれません。武士は城下にいますから、農民と話す機会はあまりなかったことでしょう。わずかな機会が年貢のときでした。

下の二人は、工＝職人と商＝商人です。二人とも仕事中ですから、お互いに話をしていません。職人と商人は武士の生活のために必要な存在です。そのため、城下町に住まなければなりません。幕府は、江戸に住むものは「工商」のいずれかを生業としなければならない、と御触れで繰り返し述べています。

つまり、この絵は、世の中（社会）が、武士・農民・職人・商人の「四民」から成り立っていることを語っています。このかぎり「士農工商」は、身分の序列を示す言葉ではありません。縦に書くと、たしかに「士」が最上層で「商」が最下層のように思えます。その意味で、口絵のように分けるか「士・農・工・商」とするのがよいかもしれません。

もちろん、武士を最初にしたのは、武士を敬ってのことでしょう。というよりも、武士の時代ですから、はじめに武士ありき、ということなのでしょう。

次に、必要なのが、税金の年貢を納めてくれる農民ということで「士農」と続け、あとは語呂のよさで「工商」となったのではないでしょうか。御触れにも、前述のように「工商」とあります。

ところで「農」は農民のことですが、身分では「百姓」となります。武士は城下に、町人は城下町や門前町、湊町などの町場に住まなければなりません。それ以外に住む人を百姓とよびます。例えば、漁業に従事する漁民、林業や炭焼きを生計とする山地の民など、農業以外で生活している人も百姓とよばれていたのです。

武士と農民の関係が基本ですから、漁民も山地の民も税金は年貢米で表記されますが、納めるのは貨幣でした。

3章

比べてビックリ！江戸のおもしろ給料比較

◇大岡越前と鬼平、金持ち大名と貧乏大名、千両役者と花魁…

本章では、まず、1章で収入を比べた町奉行と火付盗賊改との異同について探ります。

前述したように、町奉行は幕府の閣僚級の重役で、火付盗賊改は捜査にあたる現場の責任者ですから、いまの警視総監と〝所轄〟といわれる警察署の署長ほどの違いがあるかもしれません。

では、町奉行所の所員にはどういう人たちがいたのでしょうか？　その上下関係は？　時代劇などでは「与力・同心」が出てきます。袴を着けた与力が上司で、着流しの同心が配下のようですが、その関係について探ってみたいと思います。

次に、大名家に注目しましょう。

最大の領地を保有するのは、1章でふれた〝加賀百万石〟の前田家ですが、本章では収支に言及するため、データのある、一八万六〇〇〇石の出雲（島根県）松江藩松平家を例とします。

これに対して最小の領地を持つのは一万石の大名家です。

まずは、一万石の大名家は何家あったのか？　次いで収支を松平家と比べてみましょう。

大名並みの暮らしができる豪商と収入の近い大名を比較してみましょう。同じ収入な

（図表11）1万石の大名・伊予小松藩一柳家

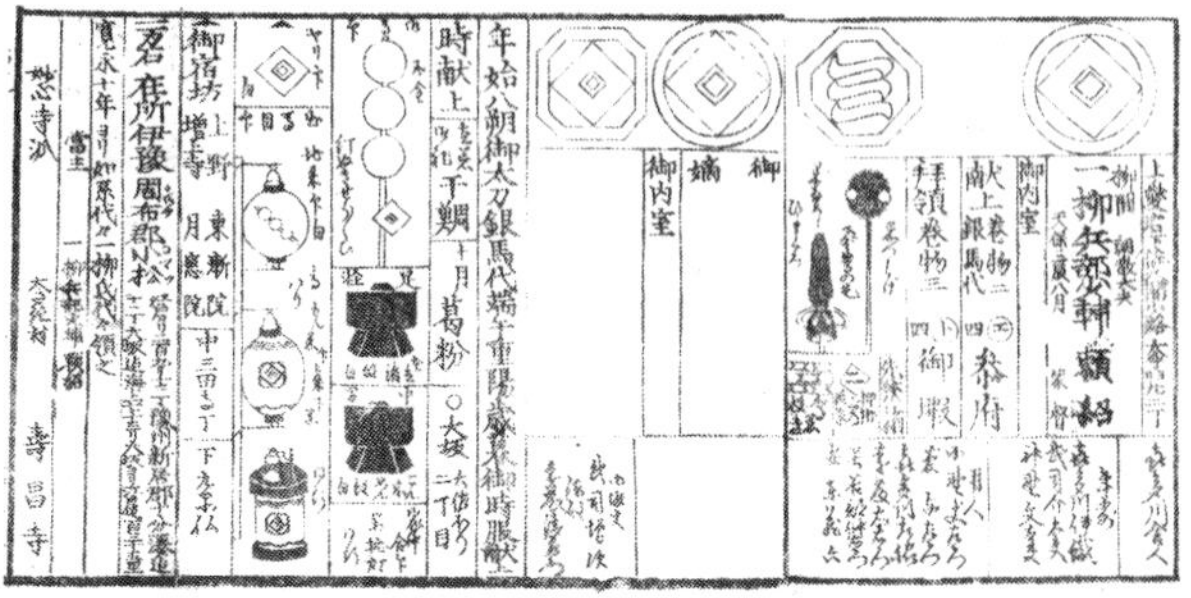

天保12年4月改『武鑑』より

ら、いずれがぜいたくできるか、探ってみることにします。

江戸には、江戸生まれの商人のほか、関西から下ってきた商人がいます。一番多いのが伊勢商人です。江戸商人や伊勢商人が選んだ商いに注目し、収入を探ってみましょう。

幕府から〝悪所〟とよばれた芝居町と遊里の吉原については花形スターの〝千両役者〟と花魁が目立ちますが、裏方にも目配りしてみたいと思います。また、芝居の入場料にもふれてみましょう。

江戸の町奉行と火付盗賊改の実務、部下、給料の違い

江戸の町政を統括する町奉行は、南と北の定員二人で、毎月交代勤務の「月番」制を採用しています。非番となった奉行所では、前月に受理した事案を検討し、非番の奉行は三回ほど月番の奉行所に出向いて会合を持ちますので、まったくの休みというわけではありません。奉行所は役所であるとともに奉行の役宅を兼ねていますので、奥向きに奉行とその家族、家来・奉公人が暮らしています。

町奉行は、朝四ッ時(午前10時ころ)に江戸城に出勤します。詰めの部屋は「芙蓉の間」で、ほかに〝三奉行〟と並称される寺社奉行と勘定奉行、さらに大目付・作事奉行・普請奉行・奏者番なども詰めています。寺社奉行と奏者番は大名の役職なので、この部屋では大名と旗本が同席していることになります。

町奉行と勘定奉行・大目付は三千石高の役職なので、同席の作事奉行や普請奉行（ともに二千石高）はもとより、旗本にとっては出世の到達点の役職です。町奉行は、昼八ッ時(午後2時ころ）に退出して奉行所にもどり、与力・同心との会合が予定されています。

捕り物のイメージが濃い町奉行ですが、右のとおり、閣僚級の重役ですから、治安・警察業務の捜査とは縁が薄かったのです。そのイメージは、映画・テレビの時代劇で活躍する大岡越前守（忠相）や遠山金四郎（左衛門尉、景元）の姿によるもので、町の治安を守る実務は、奉行の交代に関係なく、勤務を続けている与力・同心がになっていたのです。

治安・警察業務は同心の仕事で、担当の同心は奉行との対話が可能です。担当は〝三廻り〟とよばれる外勤の定《じょう》廻り六人、臨時廻り六人、隠密廻り二人の計一四人しかおりません。五〇万人いる町方の治安・警察業務をになっていたのは、南と北の両町奉行所を合わせても、たった二八人だけでした。

それゆえ、町奉行所の手に負えない犯罪が三つあります。第一に火付（放火）の捜査、第二に複数の盗賊の追捕、第三に寺社を賭場（開催場）とするような博奕の取り締まりです。それゆえ、17世紀（江戸前期）後半に、専任となる盗賊改、火付改、博奕改の三役が新たに設けられています。

いずれも武官の先手頭（千五百石高、８５０５万円）に兼務として命じたものです。先手頭は、弓八組と鉄砲二〇組の頭で、合戦があれば与力・同心を率いて先陣を務めることになりますが、泰平の世では江戸城の平川御門・坂下御門・蓮池御門・梅林坂御門・紅葉山御門の警固を交替で務めるのが本務でした。

18世紀（江戸中期）前半の八代将軍吉宗の享保三年（1718）に、これまでの分担をやめ、火付改・盗賊改・博奕改の三役を一人の兼務とします。このとき選ばれたのが火付改を務めていた先手頭の安部信旨《のぶむね》（式部、家禄千石）でした。すでに宝永五年（1708）正月から翌宝永六年二月まで務めており、今回は享保二年正月から再勤となったベテランです。翌享保四年には四〇人扶持（1150万2000円）の手当が支給されています。

初代の火付盗賊改（火盗改）となった安部信旨は、テレビの時代劇に登場します。18世紀後半の火付盗賊改長谷川宣以（平蔵）を主人公とする『鬼平犯科帳』の作家池波正太郎氏の作品『雲霧仁左衛門』に登場する火付盗賊改が「安部式部」です。ただし、盗賊の雲霧仁左衛門は実在の人物ではありません。

安部信旨の再任が享保二年（1717）の正月であり、大岡忠相の町奉行就任が翌二月であることを思うと、信旨も、将軍吉宗に抜擢された可能性があります。このとき、吉宗三四歳、忠相四一歳、信旨四九歳でした。

先手頭には、与力一〇人と同心三〇人が付属しています。火付盗賊改の務めは、この四〇人を率いて捜査・捕縛にあたることになるので、時代劇のような活躍も可能といえる

(図表12)先手頭＝火付盗賊改の与力・同心の給料

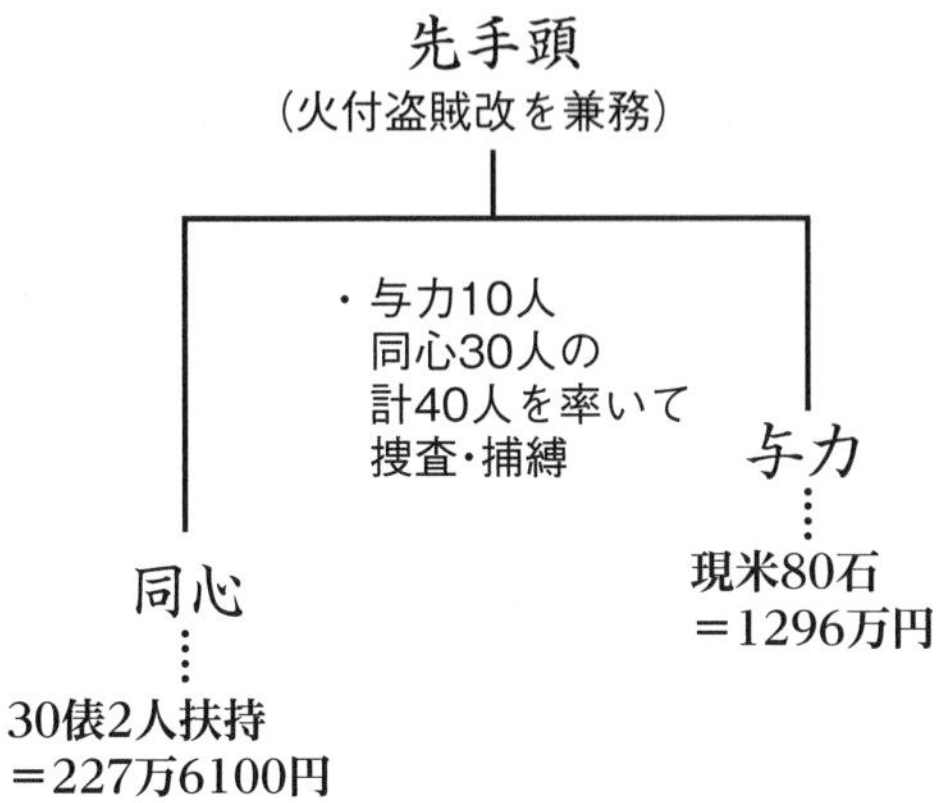

かもしれません。

ちなみに、火付盗賊改は自分の屋敷が役所を兼ねるため、与力・同心は裏四番町（千代田区）の安部家の屋敷で仕事をしていたことになります。

町奉行所の与力・同心については、次節でふれるので、ここでは、先手頭＝火付盗賊改の与力・同心の給料について紹介しましょう。現場の上役となる与力は現米八〇石ですから、三斗五升入りで二二八俵余の年収となります。いまのお金にすると１２９６万円です。

配下の同心は三〇俵二人扶持で、三〇俵は一〇・五石、二人扶持は三・五五石ですから、合わせて２２７万６１００円となります。与力に比べると随分と少ないといえます。

コラム

東京都知事と江戸町奉行の給料を比べてみると…？

百万都市江戸の町政を担当していたのは町奉行でした。いまの1300万都市東京の都政を担当しているのは東京都知事です。東京の人口は江戸の13倍にあたりますが、江戸と東京の広さが違うため、単純な比較はできません。ちなみに、江戸の範囲16㎞四方は、昭和18年成立の東京都の前、東京市15区とほぼ同じでした。

町奉行の職掌は、行政・司法・立法・警察・消防・病院など多岐にわたります。いまは、司法が裁判官、立法が都議会、警察が警視庁、消防が消防庁、病院が病院長に属しますので、行政のみが都知事の仕事になっています。

町奉行所の職員は与力と同心です。与力二五人・同心一二〇人、南北の二か所を合わせても全部で二九〇人に過ぎません。でも、副知事（四人）に当たる町年寄（三人）をはじめ、町の名主や家主（大家）が町政にたずさわるので、町奉行所の人数が少なくても問題がなかったのです。

町奉行と都知事の給料を比べてみましょう。町奉行は三千石高の役職ですから、いまのお金にすると、１億７０１０万円です。都知事は、平成27年（２０１５）の報道によると、２８９６万円とされています。町奉行のほうがはるかに高収入ですが、その分、いまの都知事より激務で、在職中に亡くなった町奉行が、ほかの役職者より多かったとされています。

町奉行所の与力と同心の微妙な関係

町奉行のもとで実務にあたった与力と同心は、南・北の町奉行所とも与力が各二五人、同心が各一二〇人でした。五つの「組」に分かれ、各組に与力五人と同心二四人が属しています。これは、交替で勤務するためです。つまり、両町奉行所ともに全員が出勤していたわけではありません。日々二九人しかおらず、五日に一度の勤務で、四日間は休みだったのです。

居宅は八丁堀（中央区）にあり、両町合わせて二九〇人全員が住んでいます。与力・同心が〝八丁堀〟とよばれるのは、この理由によります。居宅を「組屋敷」といい、組ごとにまとまっていました。与力は門構えの一戸建てで一〇〇坪以上ありますが、同心は一〇〇坪の長屋づくり、つまり集合住宅に二四人が住んでいます。

給料にふれましょう。与力は知行取りで二〇〇石の年収があります。いまのお金にして1134万円です。知行の領地があったのは、下総《しもうさ》と上総（ともに千葉県）のうちですが、ちょっと変わっていて、個々人に割り当てられた土地ではありません。南・北合わせて五〇人共有の一万石の地で、まとめて徴収した年貢米を分けていたのです。

同心は、三〇俵二人扶持ですから、浅草（いまの蔵前）にある幕府の米蔵からの現物支給となります。本給の三〇俵が170万1000円、手当の二人扶持が57万5100円となりますから、年収は合わせて227万6100円です。火付盗賊改の同心の給料と同じですが、町奉行所の同心には役得があります。

吟味方（裁判）と外勤の〝三廻り〟（警察業務）には大名家から「御用頼み」という名目の付け届けがあります。家来が巻き込まれる事件があったときは、よろしく頼むということでしょう。また、三廻りは、町の裕福な商家から依頼ごとで居宅に招かれ、①奉公人が事件を起こしたときのこと、②町の見廻りと犯罪があったときの捕縛を頼まれています。

逆に、次のような場合は不正の役得として解雇になります。①大名家から与力同様の扶

(図表13)町奉行所の与力・同心の給料

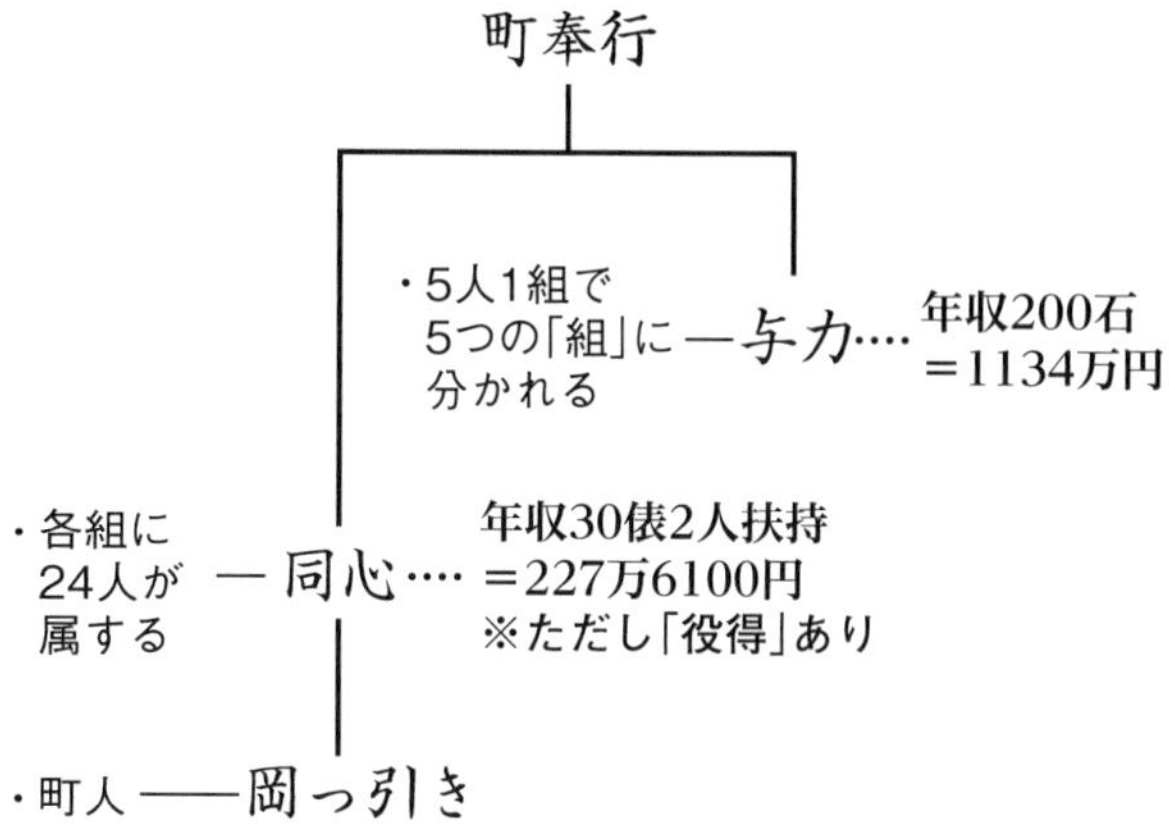

持（手当）を受けること、②町人を「岡っ引き」として捕物・探索に使い、法を犯すこと、③容疑者から袖の下（贈賄）をもらって放免すること、④町人の内のことに関与し周旋料をとること、⑤町々にある町営の「自身番屋」に預けた酔っ払いの犯罪を醒めたときに許して本人から謝礼をもらうこと。

　役得のない与力や同心はどうしたのでしょうか。じつは、通りに面した組屋敷地を人に貸して地代収入を得ていました。世間体もありますので、貸すのは誰でもよいというわけにはまいりません。医者や儒者が多かったようで、八丁堀に多いもののたとえとして「儒者医者、犬の糞」という言葉があります。

　18世紀（江戸中期）前半の大岡忠相（越前守）

が南町奉行だったころ、自分の組屋敷の貸地に救荒作物について調べている儒者が住んでいることを知った与力加藤枝直《えなお》が、この儒者のことを奉行に話したことから、将軍吉宗が関心を示し、儒者は幕府の御雇になります。その儒者の名前は青木昆陽といい、『蕃諸考《ばんしょこう》』を上梓することになります。

与力・同心の雇用は原則としてその身一代限りです。でも、実際には、親の在職中に子どもが見習いとして出仕しています。また、与力の任免は、奉行の管轄となりますが、同心は与力の判断となるため、毎年暮れになると同心は組の与力に伺いを立てています。つまり、同心は一年限りだったのです。

リッチな大名とビンボーな大名の驚きの収入格差

裕福な大名家は、石高の点では〝加賀百万石〟前田家になりますが、ここでは収支のデータが揃う点で、一八万六〇〇〇石の出雲（島根県）松江藩松平家とします。松平家は、17世紀（江戸前期）の三代将軍家光の時代、寛永一五年（1638）に初代の直政（家光の従弟）が松江城に入ったことに始まり、以来二三〇年のあいだ松江で代を重ね、明治維新まで変わることなく続いています。

貧乏な大名家は、石高のもっとも少ない一万石の家から選びましょう。一万石ジャストの大名家は、御家騒動などにより、一石といわず、たとえ一斗あるいは一升であっても減ってしまうと旗本（一万石未満）になってしまいます。それゆえ、二〇〇年、あるいは一〇〇年のあいだ家を保つには大変な苦労があったことでしょう。

大名家は、幕末の慶応二年（1866）で二六六家を数えており、まずは一万石ちょうどの家がどのくらいあったのか調べてみました。調査の結果は、次のとおりです。

東北の出羽（山形県）に一家、関東に九家、東海・中部に六家、北陸に四家、畿内に七家、中国に八家、四国に三家、九州に二家、と合計四〇家もありました。関東や畿内に多いのは、将軍家の居城がある江戸や天皇家の御所がある京都の近くには、大きな大名を置きたくなかったからでしょうか。いずれにしても、全国に分布しています。

ここでは四国の二家のうち、データのある小松藩一柳家をとりあげることにします。

小松藩一柳家は、直頼に始まります。父の直盛は、伊勢（三重県）神戸藩主でしたが、17世紀（江戸前期）の寛永一三年（1636）に伊予西条を与えられ、領地に赴く途中、大坂で没してしまい、幕府は三人の男子に遺領を分割しました。三男の直頼が小松藩一万石を与えられたのです。以来、松江藩同様に、代を重ねて明治維新に至ります。

それでは、収支の話に移りましょう。

松江藩松平家の19世紀（江戸後期）の天保一〇～一一年（１８３９～40）の年収は金一六万九二五両で、いまのお金にして２６０億６９８５万円になります。これに対し、支出の総額は、金一五万五五八八両、いまのお金にして２５２億５２５万６０００円となるので、収支の差額８億６４５９万４０００円が繰り越しとなる健全財政です。

支出の内訳は、人件費の扶持米が42・１％を占めており、ほかは国許支出が27・９％、江戸支出が25％、京・大坂支出が２・４％、参勤交代の道中支出が２・６％です。江戸での費用が四分の一を占めているのが注目されます。参勤交代の支出と合わせると27・６％になります。

これに対し、小松藩一柳家の嘉永四年（１８５１）の収入は、年貢米五五〇三石と上納銀七八貫目、合わせていまのお金で９億１２５４万６０００円となります。松江藩と比べてみると、小松藩の石高は松江藩の５・３％ですが、実収は３・５％にとどまっています。そのため、小松藩の支出予算は、前年の繰り越し米や借入米（銀）を含め、いまのお金で15億８７６０万円に膨らみます。

小松藩の主な支出は次のとおりです。

家来の給料と国許の役所（陣屋）の費用は、米建てで、給料が一九〇〇石、いまのお金で3億780万円、役所の費用が七〇〇石、同じく1億1340万円になります。その後、米を売った代銀や上納銀・借入銀で支出の予算を立てています。そのなかに、江戸支出と参勤交代の旅費が含まれており、二五〇貫目（6億7500万円）の銀貨を江戸屋敷に送っていることがわかります。

米での支払いと銀貨での支払いの二本立てのため、複雑といえますが、これが大名家の収支の実際でしょう。

嘉永四年の収支の結果は、米が二一〇〇石（3億4020万円）、銀が三六六貫目（9億8820万円）繰り越されているので健全財政にみえますが、実際は累積借銀が約二三六貫目（6億3720万円）あります（以上、増川宏一『伊予小松藩会所日記』より）。

豪商の主人と大名家当主の、使える経費の大違い

日本一の豪商となった三井越後屋が採用した新商法は、①店頭販売の「店前売《たなさきうり》」と、②現金販売の「現銀掛値なし」、③客の求めに応じる「切り売り」、そして、④イージーオーダーの「仕立て売り」でした。

17世紀（江戸前期）後半の呉服店は、武家が得意先でしたから、①前もって注文を受けておき、あとで品物を持参する「見世物商い」や、②実際に品物を持参して販売する「屋敷商い」が一般的で、また、③支払いについては、盆（七月）と暮れ（一二月）に六か月分をまとめて払う「掛け売り」が一般的でした。さらに、④販売は一反以上なので切り売りはおこなわれていません。

越後屋が店頭で現銀販売の切り売りをしたことは、上級の武家よりも、中・下級の武士や町人を客としたことを示しています。掛け売りより現銀売りのほうが安く、しかも必要な分だけ買うことができるのは、客にとってはありがたいことだったでしょう。この商法は、二百年近くたった19世紀（江戸後期）においてもおこなわれています。

清河八郎の道中記『西遊草』によると、安政二年（１８５５）八月五日、江戸滞在中の八郎は母親とともに買い物のため、三井越後屋に向かいます。

呉服類七両ばかり求め、午ごろまで手間取り、越後やの馳走にて二階にのぼり、酒食をいたす。昨冬の大火にて類焼いたし、七分ばかり普請成就せり。両側とも高大なるものゆへ、中普請にても出来あがり三万両ばかり相懸かるとなり。実にも天下第一ともいうべき呉服やなれば、さもあらんか。

七両（小判七枚）の現金買いは、いまのお金にすると１１３万４０００円になります。買物の内容は明らかでありませんが、越後屋も「天下第一」の呉服店なら、客もやはりセレブでした。母親の満足な笑顔が目に浮かびます。品物を受け取るまで、二階で酒食のご馳走にあずかっています。これも、越後屋のサービスでした。

「昨冬の大火」は、前年一一月五日夜四ッ（午後10時）ごろに浅草の聖天町から出火し、日本橋の堺町・葺屋町や木挽町の芝居町も類焼した火事のことで、越後屋の両店も類焼しました。驚きは、再建が「中普請」であっても両店で三万両（48億６０００万円）かかるという話です。この話を聴いた人は一様に「天下第一」と思ったことでしょう。
1章に登場した「武陽隠士」は、次のように越後屋を評しています。

すでに駿河町、三井八郎右衛門というは日本一の商人という。(中略)大店三ヶ所(江戸・京・大坂)ありて千余人の手代を遣い、一日に金二千両の商いあれば祝いをするという。二千両の金は米五千俵の価なり。五千俵の米は五千人の百姓が一ヶ年苦しみて納むべきものを、畳の上に居て楽々と一日に取る事なり。また地面より取り上ぐる所（家賃・地代）が二万両に及ぶという。これ五万石の大名の所務なり。

一日に金二〇〇〇両（3億2400万円）の売り上げは稀なことなので「祝い」をするのでしょう。また、大丸庄右衛門の呉服店（通油町《とおりあぶら》）では、一日に金一〇〇〇両の商いがあれば祝いをするといいます。大丸の手代は五〇〇余人で、一店舗の規模は越後屋をしのぐほどです。それゆえ、庄右衛門の暮らしは、一〇万石の大名に相当するとのことです。
興味深いのは右の記事のさいごに見える箇所です。越後屋の持っている土地からの収入が二万両もあり、この金額は五万石の大名家の収入と同じだというのです。二万両は、いまの金額にすると、32億4000万円、五万石の大名家の収入は、28億3500万円と算出できますので、五万石の大名家以上の収入といえます。

大名と豪商との比較については、武陽隠士も「日本橋辺の豪福なるものの手代」の「自慢」話を紹介しています（現代語訳で紹介）。

このほど、さるお大名家から財政の監査を頼まれ、藩や殿様の出費を調べましたところ、殿様のお手元金は一ヶ年千両で、その中に接客の費用が含まれていました。私の主人も同じ千両ですが、主人の接客や旅行の費用はお店の経費から出費いたします。

と語ったあと、最後に「御大名は御不自由なるものなり」と結んだといいます。御大名は一〇万石以上の方といいますから、この手代の「豪福」なる商家は、越後屋かもしれません。19世紀になると、大商家は、大名家の財政の相談役になっていたことがうかがえるエピソードです。

江戸に多かった伊勢商人と江戸商人を比べてみると…

百万都市江戸に多いもののたとえに「伊勢屋稲荷に犬の糞」という言葉があります。この「伊勢屋」は、伊勢（三重県）商人の店舗のことで、稲荷は、烏森《からすもり》稲荷や椙森《すぎもり》稲荷などのほか、屋敷稲荷もあり、稲荷を祀る祠《ほこら》がたくさんあったということです。それにとどまりません。長屋には、かならずといってよいほど稲荷の祠がありました。

では、伊勢商人が多いとされたのはどうしてでしょうか？　話は、都市建設華やかな17世紀（江戸前期）の前半にさかのぼります。江戸は、新興都市のため生活用品の需要を満たす供給地を周辺に持たずに、大消費地に発展します。それゆえに、伊勢や近江（滋賀県）の商人が商機ありとして江戸に下ってきたのです。

伊勢商人に与えられたのは、メインストリートの本町通り沿いの大伝馬町《おおでんまちょう》でした。日本橋を起点とする五街道の第一宿（品川・千住・板橋・内藤新宿）までの公用人馬の費用を負担する町として誕生したので、大伝馬町の名があります。伊勢商人も、はじめは松坂木綿を人馬で運送していたときから縁があったのでしょう。

大伝馬町の「木綿店」で働いているのは男性だけで、全員が伊勢の出身です。一二歳ほどで江戸に下り、八年勤務すると「初登り」といって三か月の休暇をもらい、伊勢に帰り親に会うことができます。勤務のあいだに元服（一五歳前後）を済まし、見習いの「子供」から「手代＝若い衆」に昇進しています。でも、子供と手代のうちは無給であり、わずかに休日のときに、小遣いや祝儀が与えられる程度でした。

三度の「登り」が済む（二〇年勤める）と番頭格に昇進し、はじめて羽織の着用が許されます。そして、最古参の仕入主任になると幹部と認められ、三、四年すると江戸店の支配人になりますが、依然として給料の支払いはありません。つまり、幹部になっても給料がなく、退職時にまとめてもらうシステムになっていたのです。

文化六年（１８０９）七月に五年間の支配人勤務を終えた木綿問屋「長谷川」の奉公人「新七」を例にとると、二年六か月後に退職を認められ、金二三六両一分と銀一一匁一分を支給されています（北島正元編著『江戸商業と伊勢店』）。仕入主任になったのが享和二年（１８０２）六月ですから、この金額は九年七か月分の給料ということになります。いまのお金にすると、金貨分は３８２７万２５００円、銀貨分は２万９９７０円となり、合計は３８３０万２４７０円です。年収を算出してみると４００万円になります。

じつは、このほかにも退職金の支給があります。順調に勤めを終えた退職者は、四〇〇両（6480万円）から七〇〇両（1億1340万円）の大金を手にします。年齢は四五歳前後です。まだまだ働くことができるので、寛政六年（1794）二月に退職した「喜八」の場合は、近くの瀬戸物町の大家半右衛門の借家に住居して通勤することを許されています。再雇用の給金は金三〇両、いまのお金にすると486万円です。

一方、浅草の御蔵前に「札差」とよばれる米商人がいます。蔵米取りの旗本・御家人に代わって幕府の浅草御蔵から米を受け取る代行業なので、御蔵の前に店舗を構えていました。18世紀（江戸中期）から株仲間を結成し、人数を一〇〇人ほどに限っています。

浅草御蔵に入る米は年間四〇万石（一一四万三〇〇〇俵余）とされています。札差の得る手数料は一〇〇俵について金一分なので、代行業としての年収は金二八五七両二分の計算となります。一〇〇軒として一軒当たり二八両余に過ぎません。いまのお金にして、一軒当たりの年商は463万円ほどです。客（旦那）の旗本・御家人が、自家使用分以外の米を売却するようになると、別に一〇〇俵について金二分の収入を得ますが、二つの手数料を合わせても一軒当たり1000万円ほどの年商にしかなりません。

しかし、旗本・御家人の困窮にともない、札差は次回分の蔵米を担保にお金の融通（金貸し）をするようになり、旗本・御家人から一割八分の利子を受け取るようになります。データがないため、実際の収入は明らかではありませんが、札差の営業権が千両（1億6200万円）で取り引きされたことからも、大変な高収入だったと思われます。

18世紀末の寛政の改革では、旗本・御家人救済のために借金の〝棒引き〟といえる棄捐《きえん》令が公布されます。これによる札差の損害は一軒当たり金一万三五〇〇両になったといいますから、いまの金額にして21億8700万円の巨額になります。最高額は伊勢屋四郎左衛門の金八万両（129億6000万円）でした。

千両役者の芝居町と花魁の吉原を比べてみると…

19世紀（江戸後期）になると、江戸っ子庶民にとって歌舞伎芝居と遊里の吉原が娯楽の場となります。それゆえ、毎年一一月の顔見世の時期になると、床屋や風呂屋などでは、役者や芝居の評判が客の話題となっています。ふだん芝居見物や吉原に遊びに行かないものも参加するほどでした。

千両役者が五人いた文政一〇年（1827）の芝居小屋の入場料についてふれましょう。

芝居見物の席は、それぞれ定員六人の「桟敷・高土間・平土間」に分かれています。観客席に張り出した舞台の正面が升席の平土間で、その両脇に一段高い升席の高土間があり、高土間のうしろに二階建ての桟敷席があります。

六月一一日から日本橋に近い葺屋町市村座で興行がはじまった『斯将優曲者《ここにまたみばえのくせもの》』では、桟敷一七匁、高土間一三匁、平土間一〇匁でした。いまのお金にすると、桟敷席４万５９００円、高土間席３万５１００円、平土間席２万７０００円です。

これに対し、七月二八日から隣の堺町中村座で始まった『仮名手本忠臣蔵（第九段目迄）』の場合は、桟敷二八匁、高土間二三匁、平土間一八匁といずれも割高でした。いまのお金にすると、桟敷席７万５６００円、高土間席６万２１００円、平土間席４万８６００円となります。

「芝居大繁昌之図」歌川豊国画（国会図書館蔵）より

見物客は、平土間と高土間の場合は芝居小屋の入り口の「札場」で入場券の「札」を購入してなかに入りますが、桟敷席は隣接の芝居茶屋を通します。そのため、桟敷席の客は、

（図表14）芝居小屋の様子（19世紀半ば）

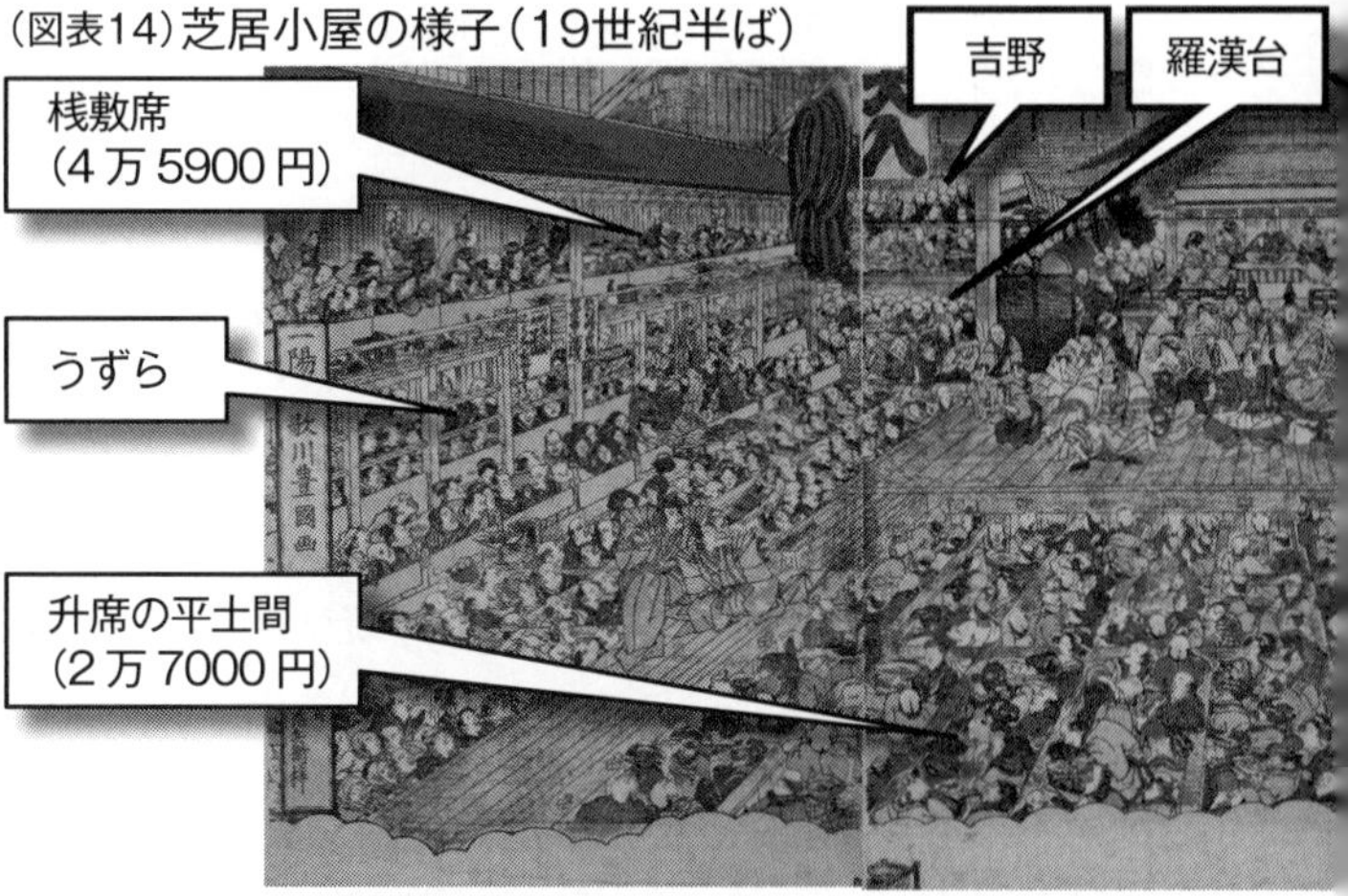

※入場料は文政10年（1827）6月11日からはじまった『斯将優曲物』でのもの

開演前や幕間、終演後に休憩や食事をすることが可能でした。終日、芝居見物した女性は一日に何度も着替えをしたという話もあります。

入場料が違うのはどうしてでしょうか？主役となる「立役」を見ると、市村座は座元の市村羽左衛門だけですが、中村座の『忠臣蔵』では沢村源之助と尾上菊五郎がいます。三代尾上菊五郎は、1章で紹介した、千両役者に次ぐ九八〇両（1億5876万円）の高給取りです。役者の違いによるのかもしれません。

秋七月上演の『忠臣蔵』は人気がありました。じつは、二日前の七月二六日から市村座でも、同じ『仮名手本忠臣蔵』が興行されています。市村座の座頭坂東三津五郎と河原崎座の座頭市川團十郎、千両役者二人の共演です。おかげで、市村座は大入りとなり、九月一日から続きの十段目を興行することになります。

歌舞伎芝居は、いまも同様ですが、千両役者だけで成り立つものではありません。役者も、主役の「立役」のほか、女形や脇役など大勢の人がいます。文政一一年のデータによると、堺町中村座には、千両役者の松本幸四郎（座頭）のほか、中村芝翫《しかん》・沢村源之助・嵐冠十郎など、計三四人の役者と四代鶴屋南北ほか九人の作者、囃子方三人がいました。

芝居小屋には裏方を務めるスタッフがいます。作者や囃子方のほか、道具方・衣装方・床山・鬘《かずら》師《し》など、さらに寛政六年（１７９４）のデータによると、入場券の札を売る「札場手代」と入り口の「木戸番」、場内整理の「留場《とめば》」、桟敷担当の「桟敷番東西」、敷物売りなどの「半畳売り及び表働き共」、たばこ売りの「喜勢留《きせる》売り」、楽屋など担当の「楽屋番及び口番共」、計一四八人の裏方がいました。残念ですが、給料のデータがありません。営業時間は、夜明けから日没前までの11時間です。

歌舞伎の芝居町と人気を二分した遊里の吉原に住んでいた人たちにも言及しましょう。

19世紀の『かくれ里』という資料によると、

遊女　三八一二人　禿《かむろ》　五八一人
芸人　男三六人・女五二九人
素人　男一五八二人・女二一一四人

合計は、男性一六一八人・女性七〇三六人で、八六五四人となります。ちなみに、遊女屋の内訳は、大見世の「大籬」一軒、交り見世の「半籬」一七軒、小見世の「町並」八四軒、そのほか一五七軒で、素人の茶屋割烹などが四八三軒あり、合計で七四二軒あったことがわかります。

じつは、この数に含まれていない奉公人の男性がいます。遊女屋で働く番頭一人・見世番三人（大籬）・「二階廻し」三人（大籬）・「掛け廻り」一人・物書き一人（大籬）で、いずれも年齢に関係なく「若者」とよばれています。このほかにも「不寝番・風呂番・中郎・飯炊き・料理人」とよばれる「雇い人」の男性がいました。

遊女屋の帳場を預かる番頭の年収は金一〇両～一七、八両（162万～275万、29

1万円）ほど。大籬に勤める見世番（花魁の道中で箱提灯の持ち役）と物書きの給料は三両（48万6000円）か五両（81万円）で、二階担当の二階廻しの給料も同様とのこと。客の掛け金を集める外勤の掛け廻りの給料は二両二分（40万5000円）ほど。

流行や文化を発信した芝居町や遊里の吉原には、座元や楼主、役者や花魁のほかに、たくさんの裏方や奉公人がいたのです。ちなみに〝天保の義賊〟とされる、ねずみ小僧次郎吉の父親も、芝居小屋で働いていました（5章のコラム参照）。

4章

江戸っ子はなぜ〝宵越《よいご》しの金《かね》〟を持たなくても生活できたのか

◇長屋暮らしの庶民はいくら稼いで、どう使っていた？

本章では〝もったいない〟や〝宵越しの銭は持たない〟をモットーに、エコ生活をしながら長屋の借家暮らしを楽しんでいた江戸っ子庶民にスポットをあてましょう。

長屋暮らしの江戸っ子の〝夢〟は、①町屋敷の借地に一戸建ての二階家を建てること、あるいは、②通りに面した一戸建ての借家に移り住んで商売をすることでした。

借家暮らしをよしとするのは、わけがあります。土地売買の単位を「小間」といいます。一小間は、間口一間《けん》×奥行き二〇間の二〇坪で、通りに面した借家と同じ間口二間にすると四〇坪になってしまいます。そもそもが住空間は四〜一〇坪ほどで充分なので、広過ぎることになります。しかも、長屋のあった日本橋北地区の売買値段は、一小間（二〇坪）＝金二〇〇両、いまのお金で3240万円ですから、庶民には縁のない話といえます。

また、土地を購入すると地主（家持《いえもち》）になり、地主負担の町入用費などあれやこれやと金銭の負担があり、さらに町の警備のため「自身番屋」に詰めなければなりません。この点、借家暮らしだと、家賃の支払いだけで済むため、まことに気楽だったのです。

その日暮らしの長屋の町人。その生活収支は？

流行作家式亭三馬が述べているように「とんとんとんがらし……」と唄いながら商いをする唐辛子売りでも暮らせるため、江戸はありがたい大都会でした。何よりも、長屋生活の助け合いは嬉しいもので、大家さんや向こう三軒両隣のおかみさんのありがたいおせっかいは、どんなにかひとり暮らしの助けとなったことでしょう。

いまは〝月給取り〟というように毎月給料をもらうのが一般的ですが、江戸っ子はその日稼ぎですから日給で、月給はなかったのです。長屋の家賃は毎月晦日《みそか》（月末）払いで、ときに払いを待ってもらい、盆（七月）と暮れ（一二月）の年二回払いとすることも不可能ではありません。ないものは払えない道理ですから……。

庶民の仕事は、職人か商人です。大工や桶屋などは、一〇歳ぐらいで親許を離れ、棟梁のもとに一〇年ほど住み込む年季奉公で、棟梁から一人前とのお墨付きをもらったら長屋のひとり暮らし（社会生活）を始めます。商人の場合は、天秤棒さえあれば明日からでも商いができそうですが、盤台を提げる魚売りや菜籠《なかご》を提げる野菜売りなど慣れるまでは先輩に指導してもらう必要があります。

では、一体いくらぐらいの日給だったのでしょうか？　野菜売りを例として紹介しましょう。依拠する資料は、19世紀（江戸後期）の『柳庵雑筆』です。

江戸の野菜市場は、神田（千代田区）の多町《たちょう》や京橋（中央区）の大根河岸のほか、郊外の中ノ郷竹町（墨田区）・千住（足立区）・駒込（文京区）・青山（港区）・南品川（品川区）などにありました。明け六ッ（夜明け）から夕方の七ッ（午後四時）ごろまで営業しているので、仕入れは一日に何度でも可能です。この点は、魚市場も同じでした。

仕入れは銭七〇〇文で、いまのお金にして1万7500円です。買い入れたのは、蕪《かぶ》・大根・蓮根・芋でした。日が西に傾くまで「かぶらなめせ〜、だいこんはいかに〜、はすも候。いもやァ〜、いもやァ〜」と売り歩き、家に帰るころには菜籠にひとつかみの野菜が残っているだけです。これは、明日の朝食に用いるために残しておいたものでした。

売り上げは一三〇〇文、すなわち3万2500円になるので、仕入れ値の2倍で売ったことになります。菜籠に残した野菜は、一〇〇文（2500円）分でしょう。

家に帰ると、菜籠を隅におき、夕食の用意のため、かまどに薪をくべます。財布をとりだしてひもをほどき、明日の仕入れ賃七〇〇文を別にして、月末払いの家賃用の竹筒（貯

（図表15）日照時間とともに変わった江戸の時刻

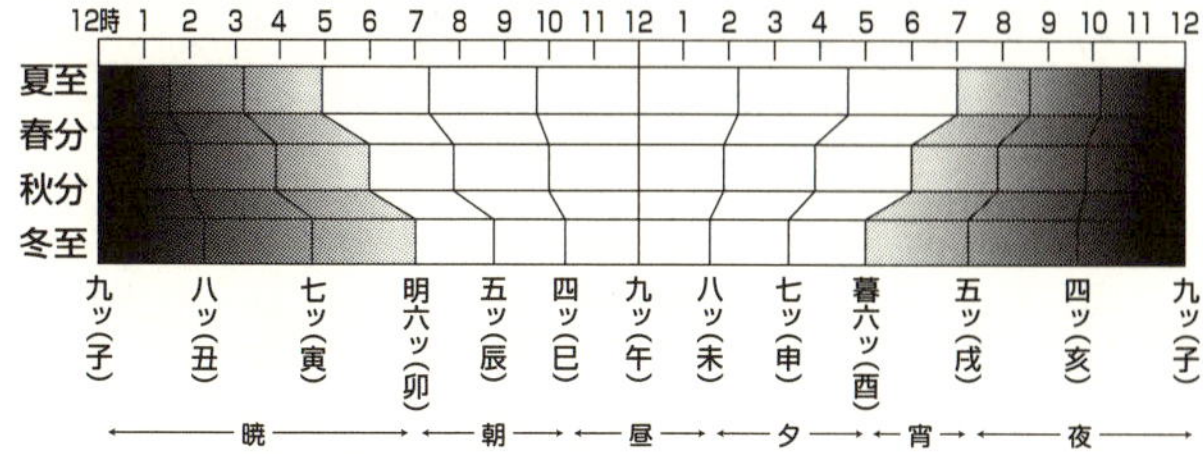

金箱）に積み立て分の七〇文（１７５０円）を入れていたら、幼い子ども二人と昼寝をしていた女房が目をさまします。米代二〇〇文（５０００円）と味噌・醤油代五〇文（１２５０円）を渡すと、女房は入れ物を抱いて買い物に出かけていきます。まもなく、子どもたちも起きてきて「じじ、菓子の代をくだされ」と言うので、一二文（３００円）与えると、二人は喜んで走って出ていきました。

　手元に残ったのは二〇〇文（５０００円）ほどで、自分の酒代をとり、あとは風雨の日（仕事が休みの日）のための貯蓄にします。売り上げの一三〇〇文から仕入れの七〇〇文を引いた六〇〇文（１万５０００円）の生活費で親子四人が暮らしていたというわけです。家賃は、七〇文の積み立てなので、月額５万７５００～５万２５００円ほどなのでしょう。

七割の町人が借地・借家暮らしで満足していた理由

江戸の町人は七割が借地・借家暮らしです。町屋敷（店）は、通りに面した店舗と路地の奥の長屋に分かれます。店舗では商売をする人が多く、間口二間×奥行き五間＝一〇坪の二階建てが一般的で一階は六畳ふた間です。長屋は集合住宅で、単身者用の間口九尺（四畳半ひと間）と家族用の間口二間（六畳）などいろいろでした。

このような町屋敷を管理したのが大家（家主）です。地主から、管理を任され、店舗で商売をしています。それゆえ、町屋敷の名前は大家の名前を冠して、例えば「藤兵衛店」とよばれます。大家と借地・借家人の関係は、古典落語で語られるように〝店子《たなこ》（借地・借家人）にとって大家は親も同然、大家にとって店子は子も同然〟だったのです。

不思議なことは、同じような構造の町屋敷がどこにでもあったことです。中心部の日本橋や京橋にもありました。いまでも、神田や日本橋、東京駅前の八重洲を歩くと、長屋の路地跡に出あいます。真ん中に排水用の下水があるのですぐわかります。江戸時代は板で覆われていましたが、いまはコンクリートになっているという変化はありますが……。

（図表16）狭いながらも楽しく暮らした長屋

「東海道中膝栗毛」より

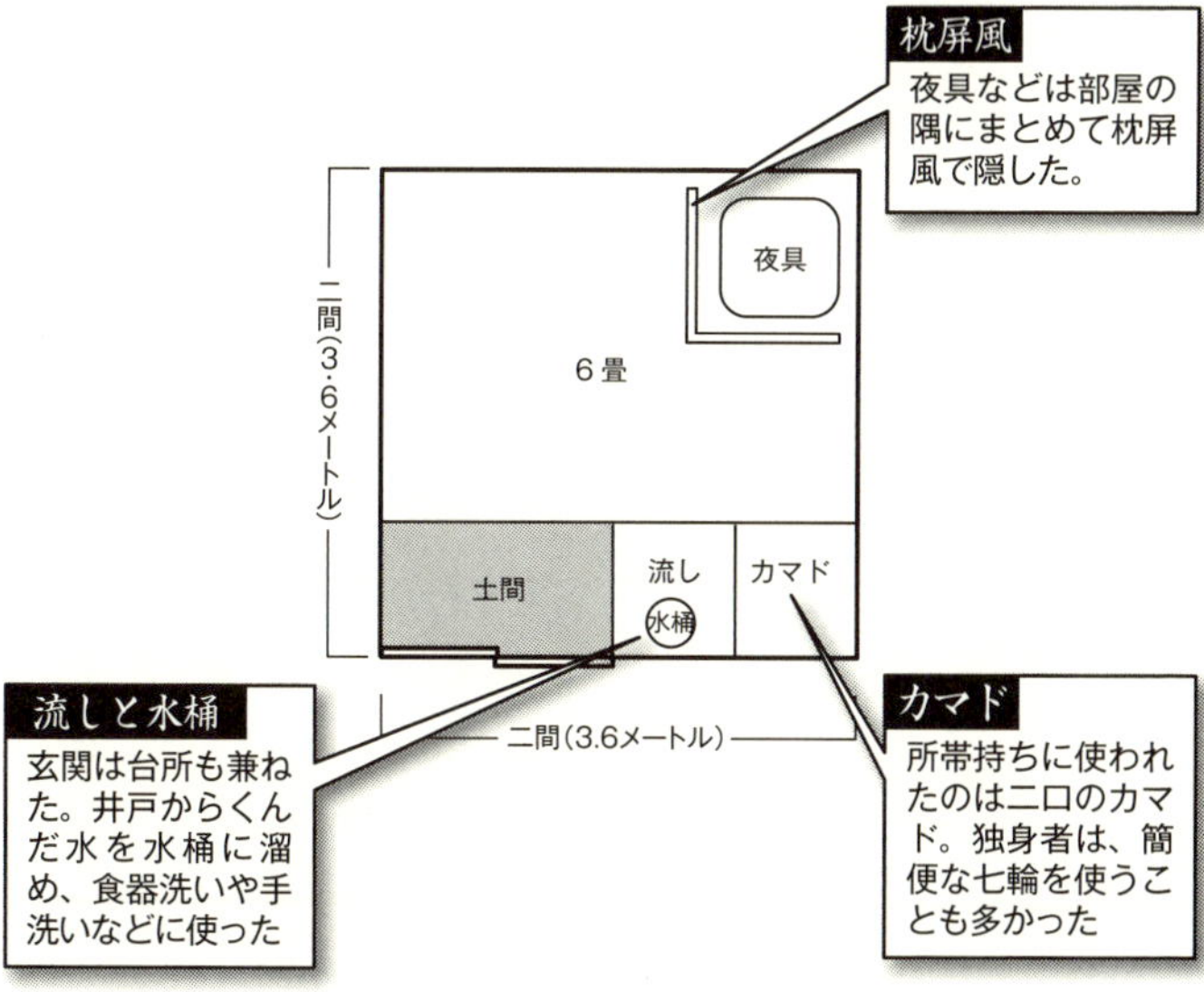
枕屏風
夜具などは部屋の隅にまとめて枕屏風で隠した。
夜具
6畳
二間（3・6メートル）
土間
流し
水桶
カマド
二間（3.6メートル）
流しと水桶
玄関は台所も兼ねた。井戸からくんだ水を水桶に溜め、食器洗いや手洗いなどに使った
カマド
所帯持ちに使われたのは二口のカマド。独身者は、簡便な七輪を使うことも多かった

日本橋や京橋の家賃は周辺に比べると高かったといえます。18世紀（江戸中期）末の寛政年間ごろの日本橋北地区では月額一坪＝銀四匁五分でした。単身者用の九尺二間（三坪）だと一三匁五分、いまのお金にすると3万6450円、家族用の間口二間（四坪）だと一八匁、4万8600円となります。

男性の多い江戸では、独身のときは九尺二間の部屋に住んで働き、長屋の人たちの世話で伴侶に出あったら所帯を持ち、子どもが二人になったら間口二間以上の部屋に移るのでしょう。そして、将来は借地に一戸建てを建てるか、通りに面した一戸建ての借家に住むのが〝マイホームの夢〟でした。

江戸時代は、職人や小商人《こあきんど》も外働きが多かったので、おかみさんは留守番を兼ねて家にいます。でも、米や味噌・醤油以外のおかずは買いに行く必要がありません。一日中、いろいろな小商人が長屋にやってくるからです。食材だけではありません。新刊本の貸本屋やファッションの小物を商う小間物屋のほか、鍋釜や茶碗の直しをしてくれる修理の小商人など多彩な〝歩くコンビニ〟がやってきます。

長屋生活だから可能なことがあります。朝の炊事・掃除に続く洗濯の〝井戸端会議〟でのこと。亭主はいませんし、子どもも手習所なので、昼食はおかみさんひとりです。ならば、

（図表17）江戸の不動産長者たち

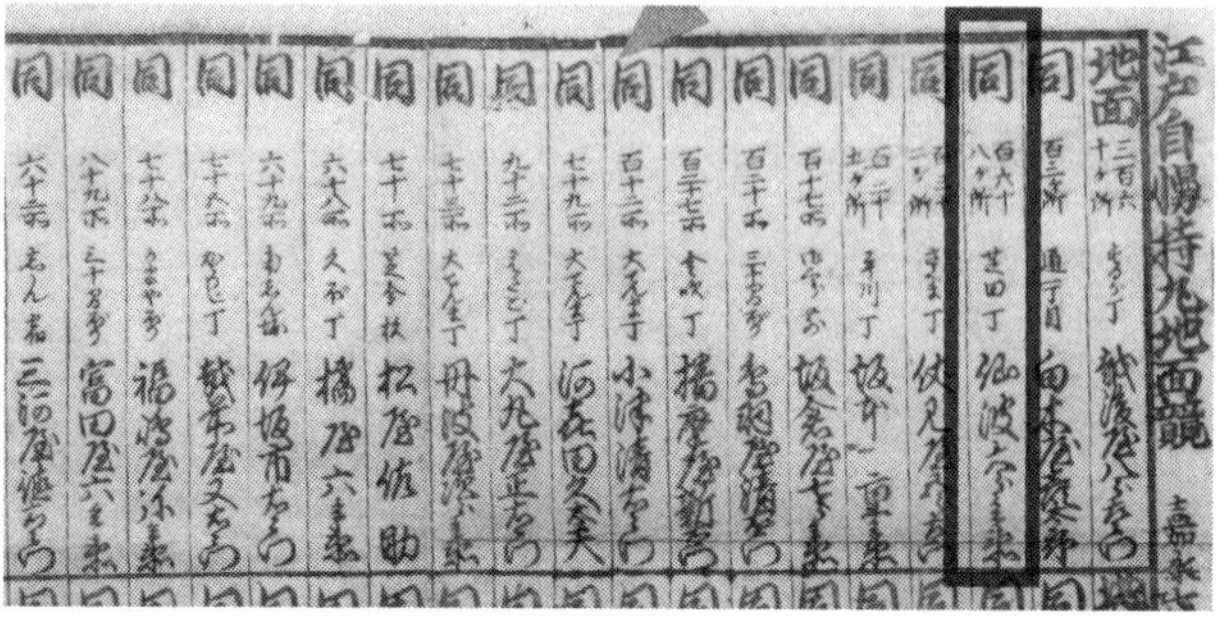
江戸自慢持丸地面競

「江戸自慢持丸地面競」より

ごいっしょにと相談がまとまります。都合のよいおかみさんたちが集まり、郊外の寺社参詣を理由にして道筋にある料理茶屋（料亭）でランチタイムとなります。

このような長屋暮らしが一般的だったおかげで、五〇万の町人が二割の土地に住むことが可能だったのです。二階建ての六畳ふた間に暮らす家族は、ものを大切にする〝もったいない〟精神の推進者でした。世界一の人口をほこった江戸は、また世界最初といってよいエコ都市でもあったのです。

付言しておきたいことがあります。大家に管理を任せる町屋敷経営は地主にとって儲かるビジネスです。城南の芝田町八丁目（港区）に仙波太郎兵衛という豪商がいました。1章でふれた見立番付「新板大江戸持〇長者鑑」の左側1段目「前頭」筆頭に名前が見えます。19世紀（江戸後期）の文化年間のデータによると、本業となる金貸しの一年間の利金が約五千両で、江戸市中に所持する約六〇か所の町屋敷からの地代・家賃収入が約四千両あったといいます。いまのお金にすると合計の年収は14億5800万円になります。

長屋管理の大家さんの意外な仕事と収入源

大家は「家守」とも「家主」ともよばれています。雇い主の地主から給料をもらっておりますが、充分ではなかったようで、古典落語では精米をする「搗《つ》き米屋」を通りの店舗で営む大家が登場します。家賃・地代の徴収が主な仕事で、あとは住人の面倒を見るくらいですから、商売をすることは可能だったのでしょう。

文政一〇年（1827）の大家の給料がわかります。通油町（中央区）といいますから、東西を結ぶ本町通りに面した町屋敷です。南側の西角で一〇間間口二〇〇坪の店（全戸借地）を管理しています。全九戸の一年間の地代が金一五〇両一分余で、町費一五両と大家の給料一〇両を引いた一二五両一分余が地主の取り分となります。金一〇両ですと、いまのお金にして162万円ですから、やはり充分な年収とはいえません。

でも、大家には余禄があります。長屋には、共有の〝三点セット〟――トイレの雪隠《せっちん》と井戸（上水井戸）、そして不用品や廃棄品を集めておくための「芥溜《あくたた》め」があります。この管理も大家の仕事で、いつも清潔にしておかなければなりません。トイレも、溜まった糞尿は汲み取る必要があるのですが、これは大家がおこなってはいません。

糞尿を汲み取るのは、近郊農村からやってくる農民です。糞尿は、長屋の住人にとっては不要なものですが、農民にとってはお金を払ってでも欲しいものでした。畑の肥料となる「下肥《しもごえ》」だからです。練馬大根や駒込の茄子、千住の葱などの江戸野菜は、武家屋敷や町家の下肥による産物だったのです。

農民は、代銭を払うか、野菜（大根）を渡します。これが、大家の収入となるのです。川柳に「こひ（肥）ぞつもりて大根が五十本」と詠まれるほどです。18世紀（江戸中期）の半ばでは、肥桶一荷《か》の代銭が三二文（800円）、馬一駄（肥桶一荷半）の代銭が四八文（1200円）で、住人五〇人の長屋は一年に金一両（16万2000円）とのことです。

2章でふれた豊島郡徳丸村（板橋区）の農民の下肥支払い代銭は五〇貫文に及んでいます。いまのお金で125万円です。高い買い物といえますが、そのおかげで大根二万五〇〇〇本が穫れました。大根で払うこともあったでしょう。式亭三馬の滑稽本『浮世床』の口絵を見ると、長屋の路地脇にたくさんの大根が干してあります。江戸っ子は沢庵が大好きだったのです。

年末になると、大家から住人に年越しの餅のプレゼントがあるようで、川柳に「店中の尻で大屋は餅を搗き」との句があります。

幕府の御触れは、町奉行から町年寄と名主に伝えられますが、町屋敷に関しては大家が請負います。大家は御触れを借地・借家人に伝える町役人の役目も果たしていたのです。それだけではありません。警備のために町の入り口に設けられた町営の「自身番屋」に交代で詰めなければなりません。経費は町費から支払われ、町費で雇った番人もいます。

番屋の大きさは九尺二間(三坪)で、屋根に火の見を設けて半鐘を吊るす番屋もあります。それゆえ、消防に必要となる「纏《まとい》・鳶口《とびぐち》・龍吐水《りゅうどすい》・玄蕃桶《げんばおけ》」と捕物に必要な〝三点セット〟の「刺股《さすまた》・突棒《つくぼう》・袖搦《そでがらみ》」を備えています。町内に不審者がいたときは留め置いて町奉行所に連絡したり、同心や岡っ引きが捕まえた容疑者を預かることもあります。

火事があったときは、半鐘が鳴ると、名主と火消人足が番屋に駆け付け、勢揃いしたらいっしょに火事場に向かいます。火事と喧嘩は〝江戸の華〟といわれるほど多かったので、火事装束に身を包んだ大家が先頭に立って活躍することもあったことでしょう。この点では、ご老体では務めがたいといえるかもしれません。

お金がないなりに生活を楽しんじゃう江戸庶民の知恵

2章でふれた大工の場合、年間の支出のうち、衣服代は銀一二〇匁（32万4000円）で、収支の差となる遊興費を含む予備費は銀七三匁六分（19万8720円）にすぎません。それゆえ、衣服は古着がもっぱらで、遊興も四季折々に郊外に出掛けて自然に親しむ遊山《ゆさん》が中心となります。

江戸の暦は太陰太陽暦とよばれる旧暦でした。一年は三五五日なので、三年に一度は閏《うるう》月を設けなければなりません。閏月のある年は、武士や農民など年収で生活する人は大変でした。平年は一二か月で暮らせばよいのですが、閏月のある年は一三か月で暮らさなければならないからです。

春が一月～三月、夏が四月～六月、秋が七月～九月、そして冬が一〇月～一二月でした。四月一日になると衣更えをし、綿入れを「袷《あわせ》」に替え、端午の節句の五月五日に「単衣《ひとえ》」にします。同様に、九月一日になると単衣を袷にし、重陽の節句の九月九日に綿入れに替えるのです。

衣更えが一年に四度もあったのは、武家の年中行事と関係があります。四月一日と九月一日は、大名の登城日です。また、五月五日と九月九日は節句ですが、五節句（正月七日・三月三日・五月五日・七月七日・九月九日）と八朔《はっさく》（八月一日、家康の江戸入城の日）も登城日となります。衣更えの日は、衣服がチェックされ、違っていたら登城を止められてしまうため、大名や旗本・御家人は気をつけなければなりません。

江戸っ子も、衣更えに合わせて衣服の新調をしたことでしょう。長屋暮らしでその日稼ぎでは、新品は買えないとしても、古着商の集まる日本橋の富沢町や芝の日陰町通り、古着商の掘っ立て小屋が並ぶ神田川南岸の柳原の土手に出かけて古着を買い、裁縫の達者なおかみさんに仕立て直しをしてもらうと、新品同然に生まれ変わります。

新年を迎えると新しい衣服を披露する機会が訪れます。氏神さま参りと初詣です。それによって遠出をして活動的な服かどうかをたしかめることになります。春のうちですと、早くも一月下旬に「梅見」があります。東郊の亀戸（江東区）の天満宮や梅屋敷が人気ですが、南郊の蒲田（大田区）の梅屋敷に出かける人もいます。

いまだと電車やバスなど交通機関の利用を考えるでしょうが、江戸時代は歩きが原則でした。亀戸は竪川《たてかわ》など水路があるため船の利用が可能となります。また、陸路ですと駕籠《かご》がありますでも、長屋暮らしの庶民は、歩くのをいといません。この点は、旅に出ても同じで、原則として一日に八里（32km）〜一〇里（40km）を歩くほどです。

ちなみに、駕籠はいくらでしょうか？　19世紀（江戸後期）の天保のころは、日本橋から遊里の吉原の入り口「大門」まで金二朱、銭八〇〇文でした。いまのお金にして2万円ほどです。一里半（約6km）あり、1kmで3000円を超えるため、いまのタクシーより随分と割高です。遊里の吉原に行く人は、その点をいとわない人たちでした。

船はいかがでしょうか？　19世紀の資料『守貞謾稿《もりさだまんこう》』によると、船宿のある柳橋から山谷堀（今戸）までの一里（約4km）ほどが一四八文です。いまのお金で3700円（1km＝1000円弱）になるので、タクシーと同じぐらいといえますが、急ぎのときなど理由がないと利用しないかもしれません。

春は、もう一度外出の機会があります。三月の「花見」で、上野の山のほか、隅田川の土手（墨堤《ぼくてい》）や王子の飛鳥山、品川の御殿山が有名です。ただし、いずれも昼間に限られます。でも、一か所だけ「夜桜」見物のできる場所があります。吉原で、盛りの時期だけ、桜が植えられたのです。このときは、夜ですから船を使ったかもしれません。

袷に衣更えした四月初旬の外出は潮干狩りで、品川や深川の洲崎《すさき》が名所となります。このときは、海に入ることになりますから、衣服の披露というよりは、活動的な衣服で貝拾いに熱中したほうがよいでしょう。

五月五日の単衣も同様です。五月二八日から八月二八日までは、隅田川で毎日花火が上がりますので、夕方から両国の橋詰が納涼で賑わいます。花火の打ち上げ費用は、一回金一両、すなわち16万2000円ほどです。納涼船もたくさん出ますので、花火の代金といい、船のチャーター代といい、江戸には随分とお金持ちのいたことがわかります。

五月下旬の「蛍狩り」は夕方から夜になるため、谷中や落合・高田が人気です。六月下旬から七月初旬の「虫聴き」も夕方からなので、日暮里の道灌山《どうかんやま》が有名でした。八月は十五夜の「月見」です。自宅で月見団子・芋・枝豆・栗・神酒《みき》・すすきを飾るのもよいですが、隅田川に船を浮かべて川に映る月を観賞するのがお勧めとなります。

五月から八月の外出は、暑い季節ですから、夕方から夜の行事が多く、それほど遠くに行かず、近くで楽しめる場所を見つけるのがよかったのです。そして九月の衣更えが過ぎたら、待ちに待った綿入れ衣服の披露のための外出シーズンが到来します。

九月の「菊見」は郊外の染井や巣鴨の植木屋に出かけます。一〇月の「紅葉狩り」は、谷中・

(図表18)夏の間、毎日打ち上げられていた花火

「江戸名所図会(両国橋)」(国会図書館蔵)より

根津・大塚・高田・大久保・角筈《つのはず》・目黒など名所がたくさんあります。一一月は各地の大鳥社や鷲《おおとり》明神の「酉の市」、一二月以降の「雪見」も隅田川などたくさんの名所がありますが、文人が好んだのは「雪見寺」として知られた諏訪社別当浄光寺のある日暮里《ひぐらしのさと》です。

年の暮れは一年の締めくくりとして「年の市」に出かけます。一二月一四日の深川八幡(富岡八幡宮)にはじまり、一七日の浅草寺、二〇日・二一日の神田明神、二二日・二三日の芝神明、二四日の愛宕権現、二五日・二六日の平河天神でしまいとなります。大家さんから正月用の餅をもらうと、年越しの準備も完了です。

寒い季節の夜長の楽しみは？

夜明けの時刻を「明け六ッ」といいます。日本橋北の本石町などに「時の鐘」があり、時刻を告げてくれます。明け六ッは、予告の捨て鐘を三つ突いたあとに鐘を六回突くことになります。もっとも、このときが一日の突きはじめということではなく、一日中、一刻（2時間前後）ごとに突くため、真夜中でも鳴っています。

庶民の起床は、業種による違いがあり、夜明けとなる六ッ前後となります。例えば、魚売りや野菜売りは市場のオープンが明け六ッなので、2時間ほど前の七ッに起きて食事をし、明け六ッ前には市場に着かなければなりません。大工ですと、明け六ッに起きて食事したあと五ッ（午前8時ころ）に仕事場に出かけることになります。

江戸は、朝にご飯を炊くため、朝食は親子いっしょです。魚売りや野菜売りの子どもは〝早起き〟なのかもしれません。これは、魚売りや野菜売りに限りません。市場で働く人も同様だし、湯屋（風呂屋）や髪結床（床屋）も明け六ッの開店なので同様です。歌舞伎の芝居小屋も同じで、随分と多くの人が、夜明け前の七ッには起きていたことになります。

では、仕事の終わりが早いかというとそうでもありません。夕方まで営業しています。風呂屋は暮れ六ッ（日没、午後6時ころ）の仕舞いですが、夕食のかたづけを済ましたおかみさんが六ッ過ぎにやってくるため入浴中にかたづけがはじまります。これを〝仕舞い湯〟といいます。

日が暮れると必要になる灯火には、蝋燭《ろうそく》を立てる燭台と、油皿に火をともす行灯がありますが、蝋燭の値段が安くないため長屋では行灯を用いています。18世紀の後半になると菜種油の生産が増え、安価になります。すると、寝る支度をしたあと大人たちは夜のひとときを楽しむようになります。そのため、寝る時間が五ッ（午後8時ころ）から四ッ（午後10時ころ）になり、なかには九ッ（午前0時ころ）まで起きている人もいるほどです。

では、夜の余暇をどのように過ごしていたのでしょうか？　家にいるときは、読書と裁縫です。どちらも、時間がかかるため昼間ちょっとというわけにはまいりません。とくに子どものいるおかみさんにとっては、昼間にまとまった時間がとれないため、行灯が普及して時間がとれるようになった夜のひとときはありがたいことでした。

江戸で出版が盛んになったのは、18世紀の後半です。人気を得たのは黄表紙や洒落本など江戸生まれの安価な「草紙本」でした。これまでは、上方の京都や大坂で出版された本が江戸の「本屋」で売られていました。これに対し、草紙本を販売したのは「地本屋」です。この場合の「地」は、いまでも用いられる地酒の「地」と同じ意味です。

いまの新書判ほどの草紙本は再生紙を用いているため、上方下りの本に比べると随分と安価でした。曲亭馬琴によると、18世紀後半の天明年間の初めごろの黄表紙の売価は、上・中・下の三冊組で五四文（一冊一八文）または六〇文（一冊二〇文）で、いまのお金にして1350円（一冊450円）または1500円（一冊500円）となります。

高い値段ではないのですが、何点も同時（正月）に発売されるため、あれもこれも読みたい読者にとっては結構な金額になってしまいます。

この悩みを解決してくれたのが貸本屋でした。長屋にやってくる〝歩くコンビニ〟で、家にいながら読みたい本が選べたのです。19世紀に女性読者が増えたのは、貸本屋の存在があってのことでした。

19世紀の文化五年（1808）になると六五六軒を数え、天保年間になると八〇〇軒に増えるという繁昌ぶりです。今田洋三氏の『江戸の本屋さん』によると、一軒の得意先が一七〇～一八〇軒なので、読者数は一一万～一四万人になったといいます。ということで、寒い季節の夜長は読書ということになるのでしょう。

貸本屋のおかげで出版が盛んとなり、19世紀になると、滑稽本『東海道中膝栗毛』と絵草紙『金《かね》の草鞋《わらじ》』の十返舎一九、滑稽本『浮世風呂』と『浮世床』の式亭三馬、そして絵草紙『傾城水滸伝《けいせいすいこでん》』と読本『南総里見八犬伝』の曲亭馬琴など専業作家が誕生します。なかでも『傾城水滸伝』は大人気で、馬琴は女性読書の人気No.1作家となりました。

コラム　仕事の後の庶民の楽しみは、今も昔も…

4章の初めでふれた野菜売りは、夕方に帰宅して一日の売上金を振り分けてから、一〇〇文、つまり2500円ほどを酒代とし、近所の居酒屋に出かけたことでしょう。江戸っ子は、武士も、町人も、女性も、酒が大好きで、江戸に入ってくる下り酒は年間一〇〇万樽といいますから、一人あたりの酒量は四斗（約72リットル）以上で、いまと変わらないといわれています。

19世紀（江戸後期）の文化八年（1811）のデータによると、江戸には一八〇八軒の「煮売り居酒屋」があったといいます。当時の江戸の町数は一六七八町ですから、一町に一～二軒の居酒屋があった計算になります。

客は、酒の値段と量を注文します。例えば「四文の酒を三合」とか「二四文を一合」といった具合です。銭四文の酒はいまのお金で１００円、銭二四文の酒は６００円となります。酒は、銅製の「ちろり」や銚子・徳利で出てきます。猪口は湯呑み茶碗ぐらいの大きさです。ちなみに、冷酒はありません。すべて燗酒です。

江戸っ子は娯楽を見つける天才

江戸っ子という言葉は、18世紀（江戸中期）後半の明和年間に、当時の川柳に「江戸ッ子のわらんじをはくらんがしさ」（わらんじは草鞋、らんがしさは騒がしさ）と見えるのが最初とされています。武士や豪商ではない、名もなき町人が歴史の表舞台に登場してきたことを示しています。

18世紀の半ばから、1章でふれたように、歌舞伎芝居が興隆し、市川團十郎のほかにもたくさんの歌舞伎役者が登場します。江戸っ子も歌舞伎ファンとなり、多色刷りの浮世絵「錦絵」の役者絵や芝居番付を見るなどして一一月の顔見世狂言（一年間の興行開始の時期）

を楽しみとしたことでしょう。でも、入場料は安くはありませんでした。

例えば、寛政二年（1790）六月一三日から葺屋町市村座で上演された夏狂言『四季風流彩色扇』は、桟敷席が銀二〇匁、土間の升席が銀一〇匁、そして「切落《きりおとし》」が一人銀一匁でした。桟敷と土間は六人席ですから一人当たり桟敷が9000円、土間が4500円となります。これに対し、土間席の最前列に設けられた切落でも2700円でした。

19世紀（江戸後期）になると江戸っ子の観劇熱に応じた客席が設けられます。絵師一陽斎豊国の文化年間の作品を見ると、舞台の下手に二段になった観客席があります。下段は土間席から羅漢様が並ぶように見えるため「羅漢台《らかんだい》」とよばれ、上段は「吉野」とよばれています。このほかに、二階からの立見となる「一幕見《ひとまくみ》」があり、天保年間には蕎麦一杯と同じ一六文（400円）でした。いまの「一幕見席」にあたるでしょう。

さらに江戸っ子は、自分たちにふさわしい新たな娯楽を見つけます。18世紀末の寛政年間に出現した「寄席」で、19世紀の文化一二年（1815）には七五軒が確認されています。芝居好きを自任する作家式亭三馬は、同年秋八月にまとめた『落話会刷画帖《おとしばなしえずりがじょう》』で次のように述べています。

浄瑠璃、小唄、軍書読、手妻、八人芸、説経祭文、物まね尽くしなどを業とする者を宅に請じて一席の料を定め、看客聴衆を集むる家あり。この講席、新道・小路に数多ありて、俗に寄場、あるいはヨセと略してもいう。このヨセという席に出て、今専ら落語を講ずる事とはなりぬ。

経営者の「席亭」は鳶の頭が多く、自宅の二階を会場としています。興行は七日間で、入場料の「木戸銭」は銭一六文～二八文、ほかに下足札と座布団・煙草盆が各四文ずつといいますから、合計で二八文～四〇文となり、いまのお金にすると700～1000円ほどです。昼は午の刻半（午後1時ころ）から申の刻（午後4時ころ）まで、夜は六ッ半（午後7時ころ）に始まり四ッ（10時ころ）に終わりました。

落語家には、三題噺考案の三笑亭可楽、芝居咄の三遊亭圓生、怪談咄の林家正蔵と朝寝坊夢羅久《むらく》、人情咄の古今亭志ん生などが登場します。可楽は「山生亭花楽」を名乗っていた寛政一〇年（1798）六月に下谷柳の稲荷で寄席を主催し、弟子の正蔵は文化一四年（1817）に両国広小路で「元祖　大道具　大仕掛　妖怪ばなし」を興行しています。

寄席の人気は続き、文政一二年（1829）に一二五軒を数えますが、天保一二年

（図表19）江戸っ子に大人気だった寄席

「一掃百態」より

（1841）から天保の改革が始まると、滑稽をもっぱらとする落語は許されず、翌天保一三年二月以降、一五軒に減らされ、演目も改革の趣旨にかなう「神道講釈・心学・軍書講釈・昔咄」の四種に限られてしまいます。

でも、寄席人気を止めることはできません。江戸っ子の支持を得ない政策だったのでしょう、改革は失敗します。改革を主導した老中首座の水野忠邦が失脚すると、それを待っていたかのように、弘化二年（1845）に寄席は七百余軒に激増しています。江戸っ子の寝る時間が遅くなった理由の一つに寄席・落語人気も関係あったことでしょう。

5章

江戸の超大金持《セレブ》ちたちの華麗なる（？）生活

◇将軍とその妻から、百万石の大名、豪商、義賊まで本章では、1章で述べた収入の多いお金持ちについて、その支出と華麗なる生活を見てみることにいたします。

まずは、徳川将軍家の公方様と正室「御台様」にふれましょう。御台様の支出は公方様の収入のうちですが、御台様の自由に使えるお金がどのくらいあったのか、さらに暮らしぶりにふれることにします。

将軍家の次は、外様大名の雄〝加賀百万石〟前田家です。大名家は公方様の家臣ですから、江戸城近くに住まなければならないと思うのですが、前田家はなぜか郊外に上屋敷があります。どのようなわけがあったというのでしょうか？

大名家の江戸屋敷の武士にも注目します。殿様は定期的に江戸と国許を往来しなければならないため、江戸城とのパイプ役となる外交官が必要となります。どのような仕事があったのでしょうか？　また、役得はあったのでしょうか？

武家が続きましたので、豪商に注目しましょう。本章は支出がテーマですから、華やかな元禄時代の豪商を取り上げることにいたします。

最後は、1章で述べた〝千両役者〟のなかで高額だった三代目中村歌右衛門に注目します。予想しなかった〝秘話〟に出あいましたので紹介いたしましょう。

江戸城の主・公方様のプライベートな生活費は

1章でふれたように、18世紀（江戸中期）前半の享保一五年（１７３０）における八代将軍吉宗の収入は、金七九万八八〇〇両（１２９４億５６０万円）でした。これに対して、支出は、金七三万一二〇〇両（１１８４億５４４０万円）です。差し引き金六万七六〇〇両（１０９億５１２０万円）の黒字は非常時の予備金となります。

享保元年（１７１６）に将軍となった吉宗は、幕府財政の立て直しに取り組み、大名家から領地の石高に応じた借米をし、代わりに江戸滞在一年を半年にするなど参勤交代を緩和したことから〝米将軍〟とよばれています。改革の成果として先の時期までに江戸城の御金蔵には年収を上回る金一〇〇万両（１６２０億円）が貯まっていました。

では、将軍家のプライベートな生活費用はどのくらいあったのでしょうか？　支出の内訳は、旗本・御家人の給料と手当が40・７％、幕府の経費が20・４％、その他が30・６％といいますから、将軍家の生活費用は８・３％となります。金額にすると、金六万六八九両（98億３１７１万円）ですから、大きな金額です。一体、何に使ったのでしょうか？

第一の出費は衣料品でしょう。なかでも呉服物は、注文を受けた御用達商人の呉服師が京都の西陣の織屋で調製させ、幕府へ納入します。御用達商人は二〇人ほどで、越後屋三井八郎右衛門もその一人です。呉服橋御門の前、檜物町に役宅のある後藤縫殿助《ぬいのすけ》は、初代家康以来の呉服師でした。

衣料品や道具類の購入を担当する部署を「納戸方《なんどかた》」といいます。長官の納戸頭（七百石高）が二人、補佐の組頭（四百俵高）が八人、ほかに納戸衆（二百俵高）が二四人〜三二人います。交代で勤務するため、毎日全員が出勤するわけではありません。衣料品と道具類では、衣料品が八割を占め、道具類が二割だったとのことです。

公方様の側に仕えるのは「小性」と「小納戸」で、日常の世話をする小性（五百石高・役料三百俵）は一九人、頭取（石高は小性と同じ）が三人おり、物品を扱う小納戸（五百石高・役料三百俵）は八三人、頭取（千五百石高）が六人います。公方様の御手許金の管理は小納戸頭取の仕事です。納戸方同様の勤務ですが、不寝番の宿直があります。

公方様の一日にふれましょう。起床は明け六ッです。公方様の目覚めを確認した担当の小性が「モウ」という声を発します。これが合図となり、小納戸が、うがい・洗顔・膳の調理の用意をします。うがい茶碗は唐草瀬戸の大茶碗です。歯磨きは、歯医師提供の歯磨き粉か赤穂精選の塩を用います。

公方様は、食事の前に袴を着け、大奥の仏間に出向いて代々の位牌を拝みます。御拝が済むと奥にもどり、袴を脱いで御小座敷に入ります。お茶担当の小性がいて、お望み次第に薄茶か煎茶を出します。食事の時間になると担当の小性が起床のときと同じように「モウ」と声を出します。この声が合図となり、笹の間に御膳が運び込まれ、御膳奉行が毒味したあと小納戸が受け取って御小座敷の次の間に運びます。給仕は小性の担当で、小納戸は次の間に控えています。

公方様の食事は質素で、朝は「汁」と「向付《むこうづけ》（膾《なます》・刺身・酢の物）・平皿」、二の膳に「吸物・皿」です。皿には、鱚《きす》の塩焼きと漬け焼きの2種類がのっています。大名が登城する一日・一五日・二八日の式日は、尾頭付きの鯛か平目の焼いたものに代わります。次の間には七輪を大きくしたような炉があり、鍋がいくつかかけてあります。

食事が始まると、小性が公方様の髪を結い、顔と月代《さかやき》を剃り始めます。髪は大銀杏で、白元結《もとゆい》を一二〜一三本も巻きます。髷《まげ》は「平まげ」です。食事が終わり、御膳が下がると、医師二人が次の間から出てきて左右の手をとり、脈を確認します。腹部をうかがうのは医師の頭の役目です。この診察中に髪結いが終了します。食後は定まった日課はありません。

昼食は大奥で御台様と済ますことがあります。でも、吉宗は、将軍になる以前に正室を亡くしていたため御台様がいませんでした。もしかしたら、財政再建に取り組んだことから、再婚しなかったのかもしれません。

午後は政務の時間で、御休息の間にて近習《きんじゅ》の御側御用取次が老中からの伺いの書面を読み上げ、公方様は諾否の札「伺の通りたるべく候」「伺の趣なおとくと考えてみよ」のいずれかを書面にはさみます。時間は決まっておりません。2〜3時間で終わるときもあれば、深夜まで延びることもあったといいます。

入浴は夕方です。小性に衣類を脱がさせ、御湯殿では小納戸が糠袋で体を洗います。入浴後に夕食となります。就寝は四ッ時（午後10時ころ）なので、それまではくつろぎの時間です。奥では小性を相手に将棋・囲碁・投扇興などをおこない、大奥で過ごすときは、公方様付きの奥女中が面倒を見ることになります。

吉宗は、鷹狩を好んだので、ときに民情視察をかねて郊外の鷹場などに出かけることがありましたが、それでも数えるほどで、ほとんど江戸城にいたといっても過言ではありません。本丸御殿の表と奥は四六〇〇坪、大奥は六三〇〇坪ありましたので、この広大な住空間で改革に取り組み、ときに年中行事に従い、のんびりと過ごしたことでしょう。

コラム

江戸時代の天皇家の生活状況

天皇家の領地は、17世紀（江戸前期）初期に一万石でしたが、二代将軍秀忠のときに一万石、五代将軍綱吉のときに一万石の寄進があり、八代将軍吉宗のときには三万石になっていました。収入は35％の税率として一万五〇〇石＝一万五〇〇〇両となるので、いまのお金にして17億1〇〇〇万円です。全額が天皇家の生活費となりますが、江戸の公方様の生活費に比べると二割弱にすぎません。

それでも、大きな収入といえますが、御所の維持費や年中行事の費用、天皇の側に仕える男女の経費などにあてるのが精一杯で、外出などぜいたくな生活はできなかったようです。ここでは、公方様と比較する意味で、日々の生活に注目しましょう。天皇の食事は、精進をもっぱらとしています。

毎朝お目覚めになると、うがいと手水《ちょうず》（洗顔）をされます。洗顔は糠を入れた木綿の袋を用い、お付きの女官「お局」が絞った湯布で顔をふかれます。公方様の側には男性しかいませんが、天皇の側には女性しかおりません。このあと、歯に「鉄漿《かね》（オハグロ）」をつけます。これは、公家衆も同様です。

身仕舞が済むと常の御殿の御居間に移られ、神様・仏様・御陵（泉涌寺《せんにゅうじ》）に遥拝され、食事の「御朝餉《あさがれい》」になると、最初に「おあさ」が出てきます。餡《あん》をかぶせた団子ほどの餅を六つ土器に盛り、白木の三方《さんぼう》に載せてあります。戦国時代の乏しかった朝食を忘れないためのセレモニーで、餡には砂糖ではなく塩が用いられていたため、ご覧になるだけで食べませんでした。「おあさ」が下がると、朝御膳になります。

御膳を拵《こしら》える「板元」から「板元吟味役」に渡され、主上のお口に合うよう甘い辛いを調べていると御膳番が現れ、御膳を点検して三方に載せます。その三方を「御末」という女官に渡し、御末から「命婦《みょうぶ》」へ、命婦から受け取った「内侍《ないし》」が主上の前に供えます。お残しがあると御末七人の拝領になるといいます。

食後しばらくは休息され、午前の手習い・学問・和歌となり、昼御膳のあいだに煎茶・薄茶、あるいは菓子を召し上がります。主上の学びは、17世紀前半の元和元年（1615）に幕府と朝廷とでとりきめた「禁中並公家諸法度」の第一条で「天子諸芸能の事、第一御学問也」として学問と和歌に習熟することが定められています。

昼御膳には、毎日、塩焼きの鯛がでます。目の下一尺（約30cm）と決まっています。

味噌汁は鯛など魚の入った精進ものとなります。午後は、休息のあと、午前と同じく、薄茶、煎茶、菓子を召し上がり、手習い・学問・和歌をされるのが日課でした。

夕御膳のときに御所言葉で「オッコン」というお酒を呑まれます。錫《すず》の徳利で燗をして差し上げ、御酌は「御局」の役目です。幕末の孝明天皇のようにお酒の好きな方は午後10時ころまで呑まれることがあり、そのときのお休みは午前0時になるとのことです。

将軍夫人・御台様の華麗なる生活

八代将軍吉宗と九代将軍家重には御台様がいませんでした。将軍に就任する前に没したことによります。ここでは、費用のわかる一一代将軍家斉の御台様茂姫君のころの話をいたしましょう。

茂姫君は近衛家から嫁いだ形になっていますが、そもそも養女で、実父は薩摩藩主松平（島津）重豪《しげひで》です。じつは、将軍家との婚約ではなく、御三卿の一橋家との婚約でした。

相手の豊千代（吉宗の曾孫）が一〇代将軍家治の後継者となったことから、一橋邸から江戸城に移り、一七歳になった寛政元年（1789）に同年齢の家斉（豊千代）と結婚したのです。以来、家斉が将軍職を家慶《いえよし》に譲る天保八年（1837）まで四八年間も大奥の女性主人でした。家斉没後は広大院と号し、天保一五年（1844）に七二歳で没しています。

結婚したころは、将軍後見役で老中首座を務める松平定信（吉宗の孫）の寛政の改革の時期と重なり、御台様の費用は金五千両におさえられていました。それでも、いまの金額にして8億1000万円になりますから、一万石の大名家の収入（5億6700万円）を超えるものでした。

出費は公方様以上に衣服費の占める割合が大きかったことでしょう。平日には三度の着替えがあり、公方様に会うために二度、そして夕七ッ（午後4時ころ）過ぎから普段着の「御楽召し」があります。冬・春（一〇～三月）の寒いときは「被布《ひふ》」を用いています。

朝御膳の前に、公方様が大奥にやってきます。御仏間での御拝のためです。代々の将軍家の位牌所のある御仏間は大奥にありました。このあと食事になり、御台様の一日がはじまります。公方様と大きな違いがありません。

〝加賀百万石〟前田家の江戸生活の経費

加賀藩前田家の殿様のいる屋敷（上屋敷）は本郷にあります。じつは、17世紀（江戸前期）半ばまでは、江戸城大手御門前（いまの大手町）にあり、三代将軍家光の時代を描いた『江戸図屏風』に前田家の屋敷が描かれています。でも、江戸の四分の三を焼いた明暦の大火（1657年）のあと、郊外の本郷屋敷（下屋敷）に移ることにしたのです。

前田家は二代藩主の利光（のち利常）以来、六代藩主の宗辰《むねとき》まで、将軍家・一門の姫君を正室としていますが、七代以降は九代重教《しげみち》が御三家紀伊家の姫君を正室としているだけで将軍家との縁は途切れていました。それが、1章でふれたように、一二代斉泰《なりやす》のとき、一一代将軍家斉の姫君を正室に迎え、御守殿門の〝赤門〟を本郷に建てたのです。

前田家の本郷上屋敷は、一〇万坪以上ありました。いまは、東京大学本郷キャンパスの地となっていますが、キャンパスには、御守殿門（赤門）のほか、三四郎池のある庭園、石垣の一部、井戸や碑文、蛇塚とよばれる石造物が残っているとのことです。

殿様は、参勤交代で、定期的に国許と江戸を往来します。二千人前後の行列になるので引っ越しといってよい大イベントで、家族の正室と跡取りの嫡子は江戸に住むことを幕府から義務づけられています。それゆえ、殿様が江戸にいるときの家来と奉公人は、四千人に膨らみます。では、江戸屋敷の費用は、どのくらいだったのでしょうか？

斉泰の時代、天保一一年（1840）のデータによると、国許の御用銀が四八〇〇貫目だったのに対し、江戸の入用銀は七三二〇貫目に及んだといいます。国許の一・五倍になります。いまの金額にすると、197億6400万円です。この年は、参府の年ですから斉泰が江戸にいたことによるのでしょう。

では、殿様のプライベートの費用はどのくらいだったのでしょうか？　時代は、18世紀（江戸中期）の半ば、八代将軍吉宗が大御所になったときにさかのぼります。延享四年（1747）のことで、江戸の四屋敷（本郷・染井・平尾・深川）の総人数は四二五〇人です。殿様は、斉泰の五代前、七代藩主重煕《しげひろ》の代となります。

前年の延享三年（1746）一二月、兄の六代宗辰が二三歳で没したため急養子となり、九代将軍家重（吉宗の長男）から名前の一字「重」を与えられ、これまでの利安を「重煕」に改めます。一八歳の若い七代藩主の誕生です。

延享四年（1747）の江戸入用銀は六一〇〇貫目（164億7000万円）で、天保一一年（１８４０）のとき（１９７億６４００万円）との差は、質素倹約の時代だったことと重熙が未婚だったことによるのでしょう。殿様の経費は、銀二九二貫目で、江戸入用銀の５％弱となります。金貨にすると金四八六六両余となり、いまのお金にして７億８８４０万円です。

江戸にいるときの殿様はどうしていたのでしょうか？　江戸には「参勤」にきているため、外様大名の雄で、御三家に次ぐ家格を有するとはいえ、江戸滞在中は幕府の手伝普請を命じられることがあります。ただし、殿様自身が直接に関わることはありません。

殿様は、毎月一日・一五日・二八日、将軍家に「御礼」のため登城します。ほかにも、五節句（正月七日・三月三日・五月五日・七月七日・九月九日）と「八朔」（八月一日）に登城しますので、節句に近い三月一日は登城しなくてもよいときがあります。つまり、月に三～四日だけは登城し、公方様にごあいさつすることになります。

登城の日は、本丸御殿の部屋が決まっています。加賀・能登・越中の三か国を領地とする前田家は、国持大名の大広間詰めですが、溶姫君を正室に迎えた一二代斉泰は従三位中納言に昇格したとき、御三家が控える大廊下下の部屋に移っています。水戸家と同じ中納言に任じられたのは、二代利常以来のことで、前田家にとっては誉れ高いできごとだったことでしょう。

中級武士・江戸居留守役のうらやましい交際費

殿様が参勤交代で国許に向かったあとの上屋敷には、江戸詰めの家来と奉公人が残るだけとなります。正室や嫡子の住空間に詰める奥女中や近習の男性をのぞくと、責任者となる江戸家老のほか、だいぶ少ない人数となったことでしょう。

そのなかに「留守居役」とよばれる家来がいます。二〇〇～三〇〇石ほどの中級武士です。殿様のいない期間だけ代わりを務めるわけではありません。殿様がいるときも、幕府や大名家との連絡・折衝を担当しています。大名家によって名称が違い、加賀藩前田家では「聞番《ききばん》」と称し、大名家名簿の『武鑑《ぶかん》』では「御城使《ごじょうし》」とあります。

留守居役は、ほかの大名家の同役一〇人前後と仲間組合を結成しています。幕府の命に適切に対応するために普段から情報収集や情報交換の必要があることによります。組合の結成には複数のケースが確認できます。①親戚の大名家との組合、②江戸城での詰めの部屋を同じくする大名家との組合、③江戸屋敷の近隣の大名家との組合などです。

仲間組合の結成により、助け合いが可能となるため情報交換という名目で寄合を開きます。はじめは、当番の屋敷でおこなっていたのですが、18世紀（江戸中期）半ばになると料理茶屋で開催するようになります。それゆえ、天明のころには〝留守居茶屋〟とよばれる料理茶屋が洲崎（江東区）の「升屋」など四十数軒もありました。

寄合は料理茶屋にとどまりません。当時の流行作家山東京伝の『吉原楊枝』には、遊里吉原の客は「国家の留守居、有徳なる旅人、大商人の檀那、大名の御留守居の類」とあります。もちろん、不夜城の（泊まりが可能な）吉原ですが、武士には門限（暮れ六ッ＝午後6時ころ）があるため昼間の利用だったことでしょう。

留守居役の使える年間交際費は、いくらぐらいでしょうか？　笠谷和比古氏の『江戸御留守居役』によると、金二〇〇両前後から金五〇〇両の大金に及び、薩摩藩島津家や肥後藩細川家では一〇〇〇両の巨費もいとわなかったといいます。金二〇〇～五〇〇両はいまのお金にして3240万～8100万円になり、一〇〇〇両は1億6200万円になります。

かれら留守居役は、二〇〇石（1134万円）～三〇〇石（1701万円）の家来ですから、私費では役職手当が付いたとしても料理茶屋を何回も利用できる余裕はなかったことでしょう。役得といえます。それゆえ、18世紀末の寛政の改革では寄合が禁止されてしまいますが、19世紀（江戸後期）になると復活し、深川（江東区）の「平清」や浅草新鳥越（台東区）の「八百善」など毎日二、三か所でかならず寄合があるという状況になります。

では、留守居役は、どのような仕事をしていたのでしょうか？　大森映子氏の『お家相続』により、その一端をかいま見てみたいと思います。

3章でふれた一万石の大名家に摂津（大阪府）麻田藩青木家があります。年収は、いまの金額で5億6700万円ほどです。青木家では八代藩主一新《かずよし》（42歳）の養子を探しているという情報が留守居役のあいだに流れ、二、三か所のルートからこの情報を入手した大名家に四国の伊予（愛媛県）宇和島藩伊達家がありました。

宇和島藩主伊達村候《むらとき》には、嫡子のほかに庶子が五人います。伊達家では養子先を探していたのでしょう。明和六年（1769）八月、伊達家留守居役沢田源右衛門が、青木家留守居役松井助右衛門を伊達家に招き、青木家の条件を尋ねています。

松井が述べた条件は、①主君の五歳の姫の婿となるため一一、二歳くらいの少年、②持参金三五〇〇両でした。いまのお金で5億6700万円ですから、麻田藩の年収と同じです。青木家では、金五〇〇両を養子の経費とし、金三〇〇〇両を借財の返済にあてる予定でした。18世紀後半の大名家には年収に近い借財の家があったことがわかります。

伊達家の沢田は、藩主青木一新の年齢と近々隠居の可能性を尋ねた上で、伊達村候の弟で三七歳の伊織ではどうかと予想外の提案をします。この提案を受けてくれれば、金額については検討することを約束したようです。この日は内談ということで、それぞれ殿様に話を伝えることにします。両家が最終的な合意に達したのは、一一月のことです。

結局、青木家では、成人男子を養子とする場合は経費がかかるため、金三五〇〇両では足らないとして金五〇〇〇両で伊達家の了承を得ています。いまのお金にして8億1000万円です。さらに毎年の援助（御一生）の分として台所料四〇〇石（2268万円）と衣装代一五〇両（2430万円）も認められています。

伊達家の裕福のほどがうかがえる話ですが、部屋住みとなっている年長の男子から順に養子に出すことが急務だったこともわかります。青木一新は翌明和七年（1770）七月に四三歳で隠居し、一月に養子となっていた伊織（一貫《かずつら》）が家督を継ぎ、九代藩主となります。

元禄の木材商〝奈良茂〟が遺した莫大な遺産と教訓

17世紀（江戸前期）後半の五代将軍綱吉の時代は幕府主導による寺社修造・修復など公共事業が盛んにおこなわれ、これに応じた投機的な御用商人として活躍したのが、紀伊国屋文左衛門と四代奈良屋茂左衛門《もざえもん》（勝豊）です。ここでは、茂左衛門に注目してみましょう。彼にはデビューとなる次のような話が伝わっています。

天和三年（１６８３）に起こった日光大地震に被災した東照宮修造のため、幕府は必要となる材木の業者の入札を実施します。檜が大量に必要となるため、入札希望の材木商人たちは、茅場町（中央区）の木曽檜問屋柏木某に檜の値段を問い合わせ、高値で入札します。材木問屋の勤めから独立してまもない二八歳の茂左衛門は、相場どおりの値段で札を入れました。

当然、低額だった茂左衛門が選ばれます。幕府から材木の調達を命じられた茂左衛門は、柏木を訪れますが、茂左衛門をおもしろく思わない手代たちは応対してくれません。この点を覚悟していた茂左衛門は、翌日町奉行所に訴えます。願書には、材木がないと柏木から断られましたが、深川（江東区）の木場にあること、それを茂左衛門に譲るように命じていただきたいと書いてあります。

町奉行所の調べを受けた柏木は、二〇～三〇本ほどを茂左衛門に渡そうとしますが、茂左衛門は承知しません。役人を木場に案内して材木のあることを説明します。結局、町奉行所の命令により、柏木の材木すべてが茂左衛門に渡され、柏木の主人は手代ともども伊豆の島々に流され、家財は没収されてしまいます。

茂左衛門は滞りなく御用を務めました。なお、柏木の主人は、のちに赦免となっていますが、口惜しさのあまり絶食して命を絶ったため、茂左衛門は御用材の代金を払っておりません。茂左衛門の手元に残った材木の代金は二万両に及びます。いまのお金にすると、32億4000万円です。

右の話は、元禄二年（1689）生まれの筆者が18世紀半ばの「六十余歳」のときに記した『江戸真砂六十帖』という資料に載っています。

霊岸島（中央区）に住んだ奈良屋茂左衛門は、元禄六年（1693）に飛騨（岐阜県）の山林御料の伐り出しや深川にある幕府の猿江材木蔵の材木請負をするようになりました。そして、材木御用商人として大分限者《ぶげんしゃ》（超お金持ち）になったことは次の話からわかります。

18世紀（江戸中期）初めの正徳四年（1714）二月、病床の身となった安休こと茂左衛門は、財産の処分と今後のことについて遺言状をしたためます。遺産は金一三万二五三〇両余とあり、いまのお金にすると、214億6986万円ほどになります。

遺言状によると、長男の茂左衛門（広璘）には過半となる金七万三九〇両余（114億円余）を譲り、次男の安左衛門（勝屋）にも金五万三七〇両余（81億円余）を渡すことにします。ちなみに、妻の捨には金三〇〇〇両（4億8600万円）です。娘二人、姪二人にも応分の金額を与えており、遺産の分配は、奉公人など計五七人に及んでいます。

茂左衛門が二人の男子に遺した次のような言葉に注目します。

いつも申しているとおり、どのような商売であってもしてはなりません。手代たちが勧めても一切商売や投資をしてはいけません。店賃(町屋敷経営による家賃・地代収入)にて末長く暮らすようにしなさい。

自分の一生を顧みての言葉なのでしょう。二人の男子は、父と同じように商売をするつもりでいたと思われますが、息子の力量を勘案した茂左衛門の言葉だったことはまちがいありません。次男の安左衛門に関しては、娘（安左衛門の姉）にも「安左衛門に商いを一切させてはなりません」と念を押しています。

じつは、18世紀後半になると、江戸では町屋敷を経営しての家賃・地代収入と金融業で暮らす人が増えています。大きな儲けはないかもしれませんが、安定したビジネスとみることができます。１１５ページでふれた仙波太郎兵衛は大成功した一人です。でも、茂左衛門の息子二人は、父の遺言に従いませんでした。

『江戸真砂六十帖』に、茂左衛門（五代）と安左衛門兄弟の豪奢な蕩尽ぶりと、その後の落魄《らくはく》ぶりが描かれています。

千両役者「中村芝翫」の誕生秘話

1章でふれたように、19世紀（江戸後期）の文化一二年（１８１５）には歌舞伎の〝千両役者〟が七人もいました。なかでも褒美金百両（１６２０万円）が付いてトップの収入となった三代目中村歌右衛門に注目してみましょう。大坂から下ってきた歌右衛門のひいきは、魚市場の新場（新肴場、日本橋南の本材木町2丁目）の人たちです。日本橋北（小田原町・本船町・安針町）の魚河岸と違い、上方出身者が多かったことによります。

堺町の中村座と三年契約を結んだ歌右衛門は、前年の文化一一年（1814）には契約どおり興行を務めましたが、二年目のこの年は、病気を理由に帰坂してしまい、しかも翌文化一三年（1816）には大坂で役者稼業を仕舞いとする「一世一代名残狂言」を務めています。上方での人気は、前年江戸に下った嵐吉三郎と一、二を競うほどでした。

翌文化一四年（1817）八月、契約主の座元中村勘三郎に代わり、スポンサーの「金主」大久保今助が契約の不履行を北町奉行所に訴えます。江戸の町奉行所から呼び出しを受けた歌右衛門は、暮れになって江戸に下り、町奉行所の吟味を受けます。結局、翌文化一五年（1818）二月三日に和解し、残り二年の務めを果たすことにします。

歌右衛門が出演したのは、翌日（！）の二月四日に始まる『鎌倉三代記』二幕です。でも、出演者のなかに「中村歌右衛門」の名前がありません。俳名の「中村芝翫《しかん》」となっています。口上看板には「このたびのは歌右衛門そのままなる双子の弟、芝翫と申す役者と思召され、歌右衛門同様御ひいき下されたし」とあります。

和解したとはいえ、訴えられた歌右衛門の心は晴れなかったのかもしれません。奇しくも、これが歌舞伎役者「中村芝翫」の誕生となります。

不入りだった正月興行『年々曽我曲輪日記』に『鎌倉三代記』二幕だけを挿入する興行ですが、初日から大入り満員の札止めとなり、二月六日からは桟敷席・土間席とも五〜六匁（1万3500〜1万6200円）も値上げをしています。二月下旬までの一か月分の出演料は金二〇〇両（3240万円）で、別に衣装料として金一〇〇両（1620万円）をもらっています。この金額（三〇〇両）は、これまでになかったほどの高給でした。

芝翫（歌右衛門）は、和解に従い、翌文政二年（1819）まで務め、その年の秋に大坂にもどります。興味深いことに、翌文政三年（1820）には「中村歌右衛門」として大坂の芝居に出演しているのです。結局、以後は江戸に下らずに大坂での興行を続け、天保六年（1835）に「中村玉助」と改名しています。つまり、初代中村芝翫は江戸にいた二年間だけの役者名だったのです。

中村歌右衛門の名跡を譲られて四代目となったのは、文政六年（1823）から二代目「中村芝翫」を名乗っていた、江戸生まれで歌右衛門に付き従った弟子でした。二代目芝翫は、文政一一年（1828）に江戸に下り、中村座で興行しています。

それでは、二代目芝翫が江戸に下った文政一一年（1828）の江戸歌舞伎事情についてふれてみたいと思います。

役者は原則として芝居小屋の近くに住まなければなりません。二代目芝翫が住んだのは中村座のある堺町の清吉（大家の名前）店でした。同じ堺町には、宗兵衛店に市川團十郎が住んでいます。ちなみに、松本幸四郎は長谷川町利兵衛店、坂東三津五郎は新和泉町清兵衛店、尾上菊五郎は深川八名川《やながわ》町源助店が住所となっていました。

役者の生活などについて、三座の座元は次のように証言しています。

（1）役者の居宅・別宅は日常の手道具・衣類も含めて必要以上に華美で、外出のときは脇差をさし、駕籠に乗って往来し、料理茶屋や遊興の場にも出入りしています。一年間の契約ですが、芝居の休みのときには遠方に出かけるものもいます。

（2）給金以外に、衣装代を要求するだけでなく、台本読みを「夜なべ」と称して残業代を請求します。また、病気と称して稽古を休み、遊山に出かけるものがいて、そのため初日を延ばすことになり、興行日数が減じたため収入が減っています。

（3）ようやく初日を出せたとしても、遠方に居住するものが遅刻して、明け六ッの開場が遅れ、終演の時間も暮れ六ッを過ぎてしまうために、途中で幕数を抜かざるをえなくなり、結局、見物客が減ってしまいます。また、自分の気に入らないことがあると病気と偽り、楽屋入りを遅らすものもいます。

（4）繁昌しても、座元の総年収は金八〇〇〇両（12億9600万円）ほどで、諸雑費を引くと金六〇〇〇両（9億7200万円）前後となるのに、役者・作者・囃子方の給金が金九〇〇〇両（14億5800万円）に達し、ほかに地代や衣装・大道具小道具の費用が金一〇〇〇両（1億6200万円）余あり、合計で金一万両払わなければなりません。赤字分は、町内の「料理店や茶屋」から出金してもらっている現況です。

三座の座元は、我慢の限界を超えたとして、この年の八月に、以上のことをしたためて町奉行所に訴状を提出しました。一〇月、町奉行所に出頭して申し渡しを受けたのは、三芝居歌舞伎役者惣代の市川團十郎のほか、松本幸四郎、坂東三津五郎、中村芝翫、岩井半四郎ら一〇人で、その内容は、①給金・衣装そのほかを貪らないこと、②遠方の別宅は火事などの非常用であり普段は居住しないこと、③みだりに神社参詣や湯治などの旅行をしないように、とのことでした。

19世紀（江戸後期）の文化文政年間になると、歌舞伎の人気により花形スターの給金がうなぎ上りとなり、千両役者が続出します。役者には、芸のためにも、ぜいたくといえるかもしれない生活をする必要があるとの言い分があったのでしょうが、座元にとっては、経営のことを考えると、もう限界であり、堪忍袋の緒が切れたということでしょう。

コラム

〝天保の義賊〟ねずみ小僧の稼いだ総額は

本所の下屋敷で隠居生活を楽しんでいた松浦静山は、2章でふれたとおり、テーマを問わない希代の情報マニアです。文政四年（1821）一一月から書き始めた『甲子夜話』に、文政六年（1823）のころ、次のような風聞を記しています（正編巻四十三）。

或人言う。このごろ都下に盗ありて貴族の第より始め、国主の邸にも所々入りたりという。しかれども、人に疵つくることなく、一切、器物の類を取らず。ただ金銀をのみ取り去る、と。されども、いずれより入るということかつて知る者なし。

よって人、鼠小僧と呼ぶ、と。

ねずみ小僧が大名・旗本の武家屋敷に忍び込んで盗みを働いたのは、この年以来のことですから、リアルタイムの出来事を記したことになります。静山は、ねずみ小僧に興味をいだいたようで、翌年にも「鼠小僧という盗のことは、既に四十三巻にいえり。然るにまたこのころ奇事を聞く」として二つの話を書き留めています（正編巻四十九）。

静山が聴いた話は、播州（兵庫県）姫路藩主酒井家の隣りの一橋家の屋敷と石見（島根県）浜田藩主松平康任（大坂城代）の留守邸での出来事でした。一橋家では「鼠小僧御能拝見」の「小札」が能舞台にあっただけで被害はなかったのですが、松平家では奥女中の「部屋ごとにて金銀を少々ずつ盗みて、かつて多分ならず」という被害がありました。ねずみ小僧は、このように女性の部屋に忍び込み、現金だけを盗むのが特徴です。

天保三年（1832）に捕まるまでの九年間に、武家屋敷九八か所に忍び入り、奥女中の部屋から、金三一二一両二分・銀四匁三分・銭九二六〇文を盗んだと白状しています。右の金額から金五両と銭七〇〇文を取り捨て、残りはすべて「酒食遊興、または博奕」で使い切ったとのことです。

給料ではありませんが、ねずみ小僧にとっては生活費ともなったことでしょう。いまのお金に換算してみると、金貨は5億568万3000円、銀貨は1万1610円、銭貨は23万1500円で、合計は5億592万6110円です。参考までに一年平均を算出してみると約5600万円になります。庶民の年収の10倍以上の〝収入〟です。

ねずみ小僧こと、次郎吉は、堺町中村座の芝居出方稼ぎを務める貞次郎の子として人形町通りの新和泉町嘉兵衛店で生まれ、幼年のときに神田紺屋町の木具職（箱職人）の者に弟子入り奉公し、一六歳で親元にもどってからは、同職の者に雇われたり、所々の武家屋敷の鳶の者の詰め部屋に入り込み、鳶の者の代わりなどをしていたといいます。

以上の始末、不届き至極ということで、天保三年（1832）小伝馬町の牢屋敷で打首となり、小塚原で獄門に処されました。享年三六でした。辞世の句は、

天の下ふるきためしはしら浪の身こそ鼠とあらわれにけり

6章

じつは一番貧しかった？ 武士の悲しいフトコロ具合

◇傘張り、金魚飼育、朝顔づくり…欠かせぬ内職で生活費はハウマッチ？

本章では、江戸に暮らす旗本・御家人に注目してみたいと思います。領地・収入の点では、一万石以上の大名家に及びませんが、将軍家のお膝もとの江戸で暮らすことから〝直参〟と称することに江戸っ子としての気概がうかがえます。旗本・御家人は、中央政府の「幕府」の役人で、いまの国家公務員にあたります。

まずは、旗本・御家人の収入について述べましょう。

基本的なことで少々堅い話になるかもしれません。できるだけ事例を入れながら述べることにいたします。

次いで支出のことにふれます。

旗本も、御家人も、19世紀（江戸後期）の資料から具体的な記述を試みます。御家人は生活の苦しさから内職に一生懸命になります。

次に、旗本の出世の事例を紹介しましょう。

2章でふれたように、19世紀になると、旗本の役職者に高齢の人が多く見られるようになります。いまと違い、定年制度がありませんので、親子二人が働くことも可能でした。おかげで、収入が増え、家族にとってもありがたいことです。なかには〝古来稀なり〟の古稀七〇歳以上の人もいたのです。

以後は、御家人をとりあげます。

御家人の役職として「与力」と「同心」がよく出てきます。与力は奉行や頭を助けて働くのが本務で、同心は奉行や頭の指示で動くのが仕事という違いがあります。そして、与力と同心を併せたような存在が「御徒」です。

（図表20）北町奉行所と南町奉行所

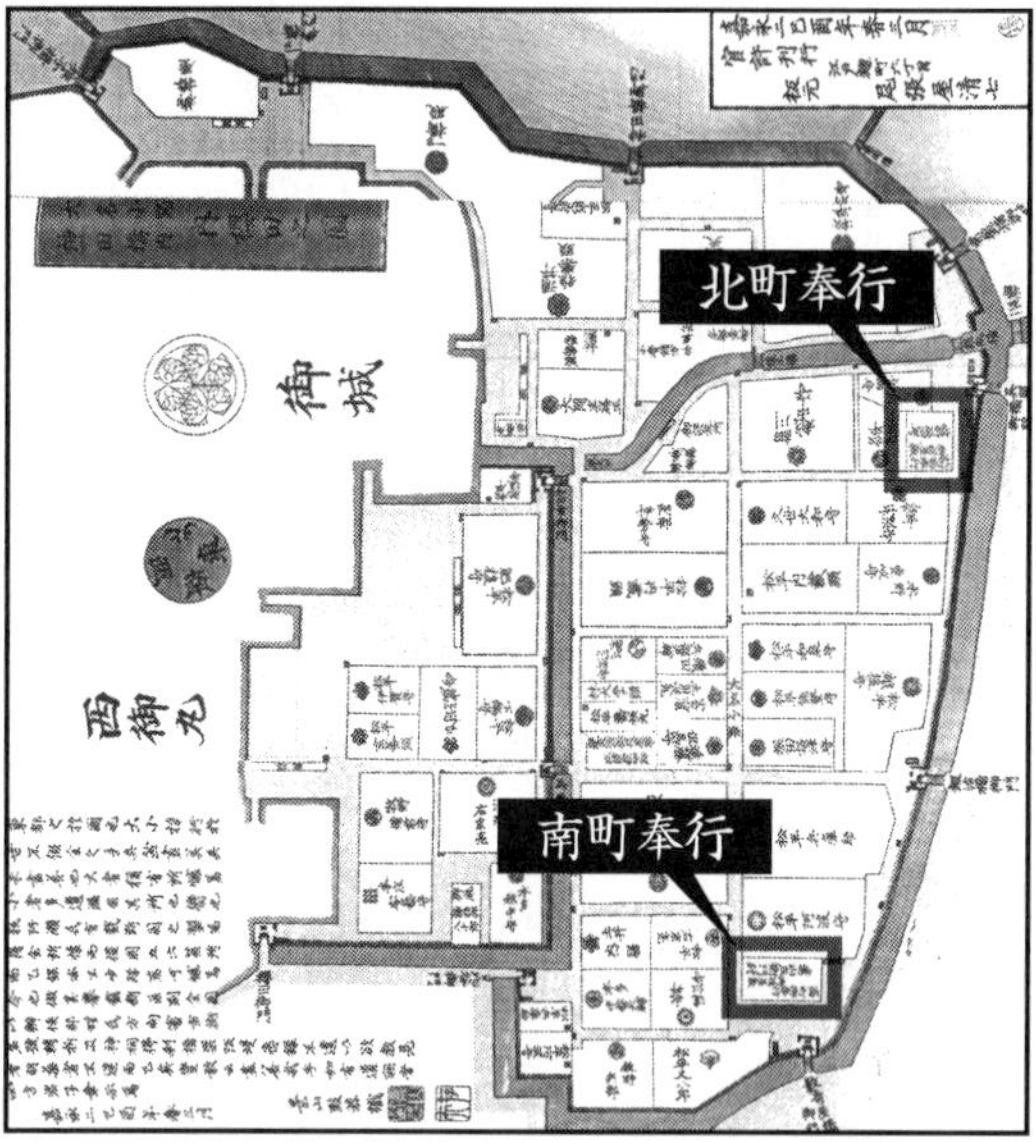

尾張屋版切絵図『大名小路　神田橋内　内桜田の図』より

最下層といえる御家人ですが〝三河以来〟という由緒もあり、同心に負けない給料・手当をもらっている役職「五役」に注目します。

最後の話は、町奉行所の同心で、警察業務を担当する「定廻《じょうまわ》り」と「手先」の岡っ引きについて元同心の証言からまとめてみました。

幕府に仕える武士たちの、ピンからキリまでの給料事情

江戸に暮らす武家は、徳川将軍家（幕府）に仕える、一万石以上の大名家と一万石未満の旗本・御家人に分かれます。旗本と御家人の違いは、将軍（公方様）に「御目見」できるかどうかの家格によります。

人数は、旗本が五〇〇〇人ほどで、御家人が一万七〇〇〇〇人ほどですから、合計で二万二〇〇〇人ほどとなります。

旗本は、知行地とよばれる領地を与えられる44％の「知行取り」と、浅草御蔵から米を支給される56％の「蔵米取り」に分かれます。

知行取りは、大名と同様に、領地の村々から年貢を徴収しなければなりません。例えば、五百石の旗本は、35％の年貢率により一七五石の収入となるため、いまのお金で年収は2835万円となります。

知行取りは、親から子へ、子から孫へ、との相続が認められており、五百石は「家禄」とよばれています。

家を継ぐと、家禄にふさわしい役職に就くことが可能となります。役職によっては「役料」という手当が付きます。例えば、公方様の近習で五百石高の「小納戸」に就職すると手当の役料として三百俵がもらえます。一俵は三斗五升入りで、三百俵は一〇五石に当たり、年収の一七五石＋一〇五石はいまのお金にして合計４５３６万円になるため家禄の六割増となります。

さらに、上位の役職に昇進すると家禄との差額分が与えられます。これを「足高《たしだか》」といいます。18世紀（江戸中期）前半の八代将軍吉宗のときに採用された制度です。おかげで、小納戸（定員八三人）から千五百石高の小納戸頭取（定員六人）に出世した遠山景元（金四郎、家禄六百石）は家禄との差額九百石の支給を受けております。役料はそのままですから、足高分（５１０３万円）を加えて１億２０６万円の収入となりました。

蔵米取りは、二百俵のように米を入れる「俵」で表示され、それが給料となりますが、浅草御蔵まで受け取りに行かなければなりません。はじめは年一回の支給でしたが、吉宗のときから春二月・夏五月・冬一〇月の年三回に分けてもらうことになり「切米取り」ともよばれます。二百俵はいまのお金で１１３４万円です。二百俵高の「大番士」の場合、三年に一度、二条城や大坂城へ一年間の赴任があります。この手当は、給料と同じ二百俵となるので収入は倍となります。留守宅の家族にとっては、嬉しい収入増といえるでしょう。

右のような旗本に対し、御家人は「俵」表記の蔵米取りが87%、「石」表記の現米取りが12%、給金扶持取（本給の現金+手当の扶持米）が1%に分かれます。現米取りは「石」表示ですが、領地を与えられているわけではなく、江戸幕府に古くから仕えていることで石数分の米俵がもらえる例外といってよい存在です。扶持は、一日五合の支給で、一年=三五五日（旧暦）で一・七七五石もらえます。

御家人は「譜代席」と「抱席《かかえせき》」の二つに分かれます。譜代席は初代将軍家康から四代家綱までに将軍が城を不在にしたとき城を守る「御留守居」に属する与力・同心を務めたという由緒の人たちで、無役のときは旗本同様の扱いを受けることがあり、家督相続が認められています。これに対し、抱席は主として五代綱吉以降に召し抱えられた人たちで、原則として一代限りです。

現米取りの例を示しましょう。3章でもふれたように、火付盗賊改を加役とする「先手頭に属する与力」の給料が現米八〇石です。17世紀（江戸前期）は一俵=四斗入りだったので二百俵ちょうどだったのですが、18世紀以降は三斗五升入りと小さくなったため、二二八俵余の支給となります。いまのお金で1296万円です。

給金扶持の御家人の事例にもふれましょう。町奉行の配下に牢屋奉行の石出帯刀《たてわき》（三百俵一〇人扶持、1988万5500円）がおり、日本橋北の小伝馬町の牢屋敷に隣接の屋敷に住んでいます。その属吏となる牢屋下男の給料が、一両二分と一人扶持です。いまのお金にして年収53万5500円となります。

旗本・御家人の家計簿

19世紀（江戸後期）前半の文化文政期ころの旗本の家計簿をみてみましょう。小性組番士橋本敬簡の著『経済随筆』という資料があります。将軍の警固を本務とする小性組番士の給料は蔵米三百俵で、いまのお金にすると1701万円です。自家米分六〇俵を残して二四〇俵を売却した代金七一両一分（1154万2500円）を家計費とします。

まずは、家来の武士二人と奉公人の町人四人に給料を払います。

・上士の「用人」一人に金四両二分（72万9０００円）
・下士の「若党」一人に一両二分（24万3０００円）
・奉公人の下男二人に金三両（48万6０００円）ずつ
・下女二人に金二両一分（36万4５００円）ずつ

支払いの合計は金一六両二分、いまのお金で2６7万3０００円になります。
ほかにも支払いがあります。

・馬の飼養代金一二両（1９4万4０００円）

三百石・三百俵以上の旗本は馬を飼っていました。大名屋敷を含めると、江戸にはたくさんの馬がいたことになります。それゆえ、ＪＲの駅名に残る「高田馬場」など江戸には一〇か所前後の馬術訓練用の馬場がありました。

次に、生活費をみることにします。食料品は、

(図表21)江戸の"上級官僚"・旗本の家計簿

小性組番士・橋本敬簡(蔵米300俵。妻子あり)の例

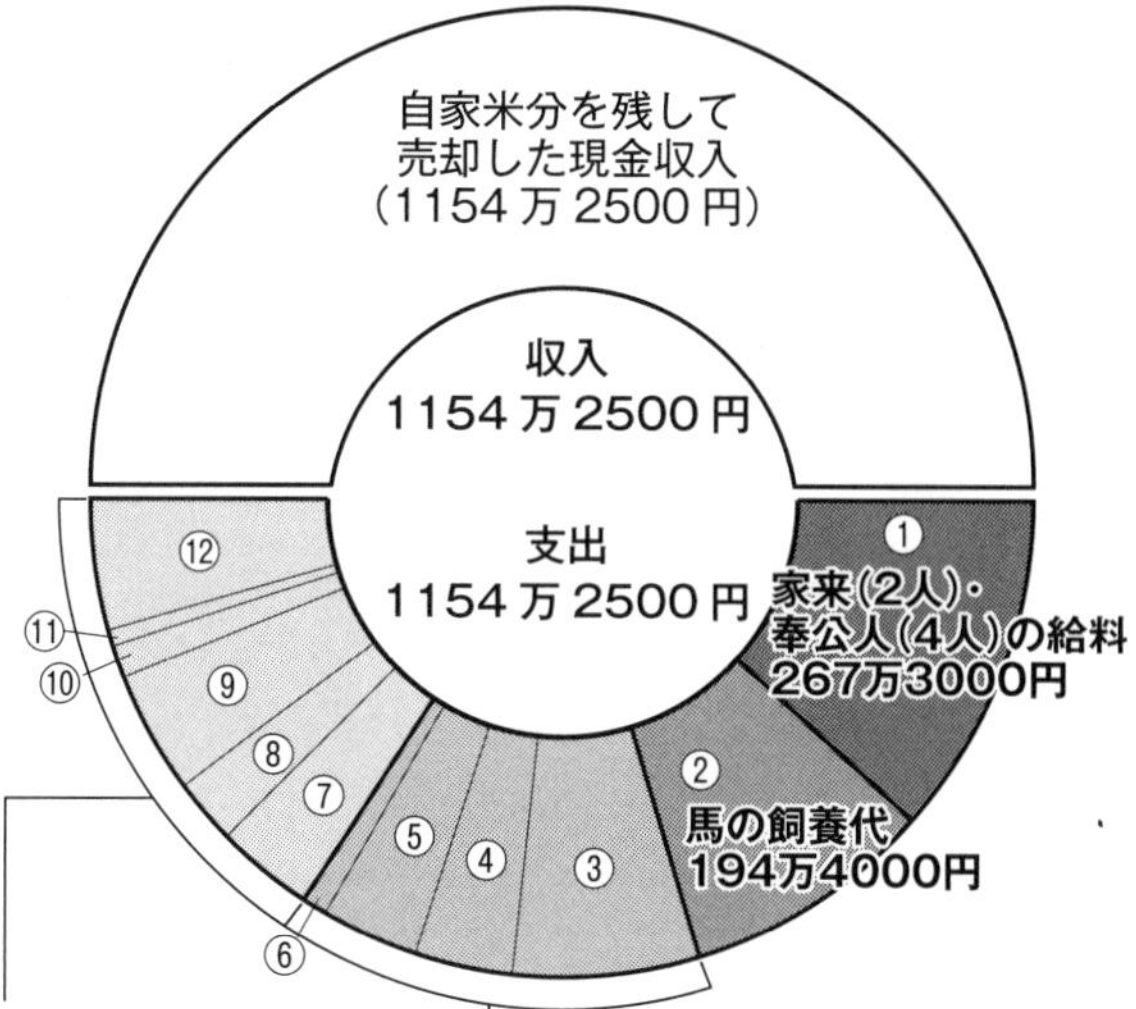

年間経費

- ⑦衣装代
  72万9000円
- ⑧お盆入用費
  48万6000円
- ⑨歳暮入用費
  97万2000円
- ⑩五節句の費用
  24万3000円
- ⑪慶弔費
  12万1500円
- ⑫営繕費
  97万2000円

日常生活費

- ③味噌・醤油・
  菜の代金
  121万5000円
- ④光熱費
  (蝋燭・灯油・
  炭・薪代)
  72万9000円
- ⑤傘・下駄・草履
  の代金
  72万9000円
- ⑥妻子・自分の小遣金
  72万9000円

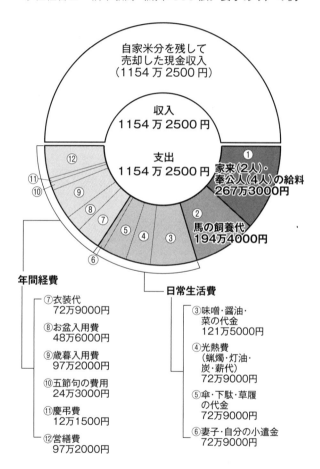

・味噌・醤油・菜の代金が毎月金二分二朱（10万1250円）、年間金七両二分（121万5000円）
・光熱費の蝋燭・灯油・炭・薪代が毎月金一分二朱（6万750円）、年間金四両二分（72万9000円）

です。ほかに、

・傘・下駄・草履の代金が毎月金一分二朱（6万750円）、年間金四両二分（72万9000円）
・妻子の小遣金が毎月金二朱（2万250円）、自分の小遣金が毎月金一分（4万500円）、合わせて年間金四両二分（72万9000円）

以上の合計は年間金二一両（340万2000円）です。

さらに、年間経費として、

（図表22）江戸の“下級官僚”・御家人の家計簿

御家人・大久保仁斎（30俵3人扶持。両親と妻、子2人）の例

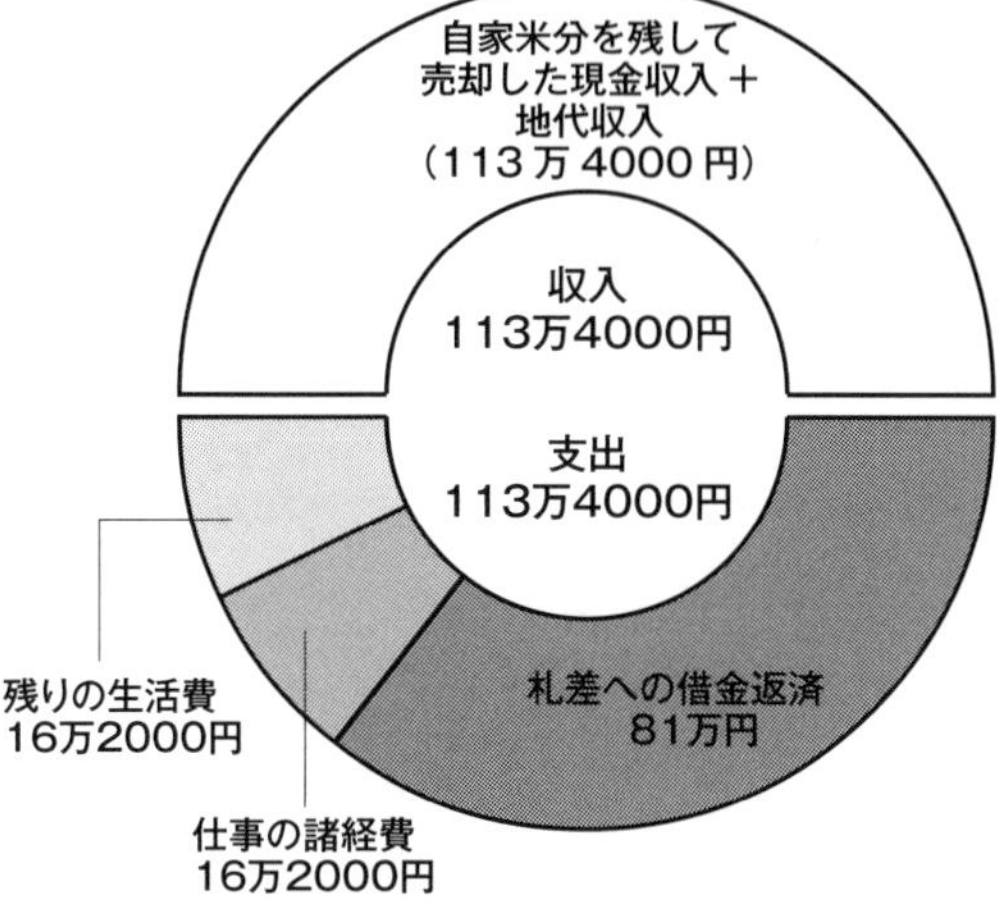

・衣料代が金四両二分（72万9000円）
・お盆入用費が金三両（48万6000円）
・歳暮入用費が金六両（97万2000円）
・五節句の費用が金一両二分（24万3000円）
・慶弔費が金三分（12万1500円）
・営繕費が金六両（97万2000円）

これらを合計すると金二一両三分（352万3500円）となります。

支払いの総計は金七一両一分となり、冒頭の「二四〇俵を売却した代金」に一致しています。この資料は、収入に見合う支出を示した経済指標ということになります。非常時のための予備費についてでは、それぞれの費目で

質素倹約に努め、残金を出して積み立てるようにするということかもしれません。

それでは、小性組番士の15％ほどの給料となる御家人の家計をみることにしましょう。参考とするのは、御家人大久保仁斎による安政二年（１８５５）の著書『富国強兵問答』です。仁斎は、三〇俵三人扶持の御家人なので、いまの金額にすると、２５６万３６５０円の年収です。仁斎の務めは、武官の大番または書院番の同心と思われます。

仁斎は言います。自分の収入では「内職に専心しなければ、御奉公すらなりがたく、また父母に孝養もつくせず、妻子を養う道もない」と。19世紀の幕末は、外国船の渡来により世情が不安になっており、物価が騰貴するなど、一層暮らしにくくなっています。

仁斎は、両親と妻、子ども二人の六人家族です。手当の三人扶持＝五石三斗二升五合と本給の半分一五俵を自家飯米分としています。本給の残り一五俵を売却した代金約五両（81万円）は札差からの借金の返済にあててしまうため残金はありません。幸い、宅地の一部を借地として貸しているので金二両（32万４０００円）の地代収入がありますが、仕事に関する費用に金一両（16万２０００円）をあてるため、残り金一両では、食料品や衣服代、筆墨代、勤務用道具にあてることは無理といえます。

19世紀の旗本・御家人の場合、三百俵の旗本は生活が可能ですが、三〇俵三人扶持の御家人は生活費が足りません。まして、交際費や医療費・普請積立費などはとても捻出できません。これでは火事や自然災害があったときに対処できません。ということで、大久保仁斎は御家人に「内職」による生活費の確保を勧めたのが先の著書だったのです。

コラム

下級御家人たちの内職生活

18世紀（江戸中期）の後半になると、組屋敷に住み、給料の少ない下級の御家人たちは、御城勤めのほかに、内職をするようになります。理由はもちろん生活苦によりますが、では一体、どのような内職があったというのでしょうか？

麻布あたりの御家人（同心）の組屋敷では庭で草花を栽培し、代々木・千駄ヶ谷の組屋敷では鈴虫や蟋蟀《こおろぎ》などの秋の虫を飼育し、下谷の組屋敷では金魚を育てたといいます。それぞれ、仲買商人を通して、花屋や虫売り、金魚売りによって市中に売り出され、江戸の夏・秋などの風物詩となったのでしょう。

御城近くの内堀沿いに屋敷があるのは、大名家のほか、旗本など上・中級の武家です。

御家人は御城から遠い、外堀の先のほうの郊外に「組」ごとに集住していました。

草花の栽培は19世紀（江戸後期）になると盛んになり、大久保の組屋敷では霧島躑躅《つつじ》の栽培が有名になり、天保年間刊行の地誌『江戸名所図会』の挿絵に見えるように、季節になると見物に訪れる人がたくさんいます。また、下谷の御徒町の組屋敷では競って朝顔の変わり種を作るので評判になっています。

手内職も盛んにおこなわれ、青山百人町（甲賀組）の春慶塗や傘張り、牛込弁天町（根来《ねごろ》組）の提灯張り、巣鴨の羽根細工、山の手一帯の組屋敷での凧張りや竹細工、このほかにも紙縒《こより》細工・筆作り・櫛《くし》作り・楊枝削り・針磨《す》りなど、御家人のなかには職人顔負けの技量を持つ人がいました。

七〇歳から出世を極めた老旗本

19世紀（江戸後期）の天保一一年（1840）一二月、納戸頭久須美祐明《くすみすけあきら》（六郎左衛門）は、内願が認められ、佐渡奉行に抜擢されます。このとき、祐明は古稀の七〇歳になっていました（幕府では七〇歳以上を「極老」とよびます）。納戸頭は七百石高ですが、佐渡奉行は千石高に手当の役料千五百俵と役扶持百人扶持がつきます。

久須美家は家禄二百俵（二百石の知行取りに相当＝１１３４万円）ですから、納戸頭のときに五百石の足高をもらっており、いまのお金で３９６９万円の収入がありました。年齢のことを思うと、名誉職（閑職）への転任ならともかく、現地赴任しなければならない遠国奉行への登用は異例中の異例といってよいでしょう。祐明を抜擢したのは老中首座水野忠邦（越前守）です。

佐渡奉行の千石・役料千五百俵・役扶持百人扶持を合計すると、いまの金額で１億７０５０万５０００円になります。定員二人で、佐渡一人・江戸一人に分かれるので勤務は江戸在府から始まりますが、祐明は翌天保一二年（１８４１）四月に佐渡に赴任します。このあいだのことは、彼の記した『佐渡日記』と『佐渡の日次《ひなみ》』に詳しく書かれています。

金山のある佐渡（新潟県）への道は、中山道から三国街道に入り、新潟湊から船で赤泊に渡り、相川の奉行所に至る一一泊一二日の道中です。資料からうかがえる祐明は、うなぎを好物とする頑健な老武士といえます。佐渡は、天保の飢饉の被害を受け、土地も人気《じんき》も荒れていました。現地には交代を待つ奉行川路聖謨《としあきら》（三左衛門）がいます。一年のあいだに実績をあげたのでしょう、祐明は、翌天保一三年（1842）五月、江戸に呼びもどされます。

江戸にもどった祐明は、八月に小普請奉行（二千石高）になり、従五位下佐渡守に叙任します。久須美家は、幕府の御家人となった初代祐邦、御家人から旗本に昇格した二代祐光を経て、三代祐明のときに上級職の旗本に出世したのです。佐渡守は、佐渡奉行に抜擢されたことを記念しての受領名でした。祐明の喜悦の満面が思い浮かびます。この年、七二歳になっていました。

祐明は、まれにみる能吏でした。水野忠邦による天保の改革の最中で、翌天保一四年（1843）三月には大坂町奉行（千五百石高・役料現米六百石）に栄転します。任期中、水野から依頼されたことに、金百万両の御用金調達があります。これまでの勤務と違い、大坂の豪商が相手となりますから〝郷に入ったら郷に従え〟のたとえをモットーに、金五〇万両を集めてみせます。

大坂町奉行在任中の翌天保一五年（1844）一〇月、江戸にもどり、勘定奉行（公事方）に任じられ、家禄も五百石に増えます。勘定奉行は旗本役の到達点で、わずか四年のあいだに上り詰めたことになります。この年、七四歳です。勘定奉行は三千石高ですから、収入はいまの金額で1億7010万円になりました。

〝将軍の影武者〟の仕事と暮らし

深川の小名木川沿いの北側に御家人の「御徒」十五番組の組屋敷があります。東隣は御三卿の田安徳川家の下屋敷で、西隣は遠江《とおとうみ》（静岡県）掛川藩太田家の下屋敷です。北に二か所の惣門があります。惣門を入ると、三間（5・4ｍ）幅の道が伸び、両側に御徒の宅地が並んでいました（柴田宵曲編『幕末の武家』）。

十五番組の御徒は三〇人（組頭二人）おり、宅地は一戸当たり一三〇坪なので、敷地は四千坪を超えています。宅地は拝領ですが、家屋は自費で建てなければなりません。玄関が三畳、部屋が八畳と六畳のふた間、ほかは台所とトイレ（雪隠）が平均的な家なので建坪は二〇～三〇坪ほどです。空地は畑にして茄子や胡瓜《きゅうり》をつくっているものもいました。

組屋敷の広さは一様ではなく、下谷の御徒町の宅地は一〇〇坪ほどで、郊外の亀戸に近い本所錦糸堀（錦糸町）では二〇〇坪ほどでした。なお、敷地に余分の地所があれば、地代をとって貸し付けています。深川では、一三〇坪の地代は、安政のころ（19世紀の半ば）で一か年金三両三分とのこと。いまのお金にして60万7500円です。

御徒の給料は七〇俵五人扶持なので、年収は、いまのお金で540万6750円となります。

幕府の米蔵は浅草御蔵前にありますから、そこまで受け取りに行かなければなりません。個々に行くわけではなく「惣代」を委任された御徒が御蔵前に出かけ、米蔵からの受け取りを代行する米商人「札差」と受領分の確認作業をおこない〝一米二金〟の割合で飯米用の米とお金を受け取ります。米が三分の一、お金が三分の二ということです。

でも、給料を全額受け取るものはほとんどおりません。札差に借金があるからで、年三回の支給時に前借分を差し引かれてしまいます。御徒の場合だと、七〇俵の倍、一四〇俵分ぐらいまでしか借りることができません。札差は、米商人なのですが、蔵米取りの旗本・御家人に対し、その蔵米を抵当として金貸しをしていたのです。

惣代の御徒は受け取った米を雇った舟に乗せ、大川（隅田川）を下って深川の組屋敷にもどります。これは、堀川が利用できる川沿いの組屋敷ゆえに可能なことでした。ほかの組の御徒の場合は、荷車に積んで運び出します。

蔵米は玄米なので、飯米にするときは精米（搗き米）をする必要があります。幸い、ときどき、杵《きね》と篩《ふるい》を持ち、臼を転がしながら「搗き屋」がやってくるので、搗き賃を払って精米を頼みます。もちろん、御徒夫妻がみずからおこなう場合もありました。

御徒の本務は公方様の外出（御成）に御供して警固にあたることですが、平日は江戸城本丸の玄関にある遠侍《とおざむらい》の間に詰める本番と、徒加番所に詰める加番などを務めています。例えば、深川の十五番組は、五日に加番、一〇日に御供番、一五日に本番、二〇日に二の丸、二五日に加番、三〇日に御供番というように月に五日か六日ほどの勤務になります。

御徒は、公方様の外出に御供するときは揃いの〝役羽織〟を着用しなければなりません。三年に一度、幕府から黒縮緬《ちりめん》無紋の単羽織を与えられますが、ほとんどの御徒は、新品を売ってしまうため、五、六年も同じ羽織を着ているといいます。羽織の売却代は金一分ですから、いまの4万5000円程度。

この役羽織にはおもしろい話があります。じつは、外出のときは公方様も同じ黒羽織を着用しています。なぜかといいますと、不慮のできごとがあったとき、御徒のなかに姿を隠すためでした。そのため、日常も公方様の近くに黒羽織があるとのことです。また、江戸城で御能の催しがあるときは、万一のため御殿の縁の下に数人の御徒が役羽織を着て控えていました。

御徒には勘定所や作事方・普請方に出向する例がありました。出向を機会に昇進する人もいて欠員が生じるため御徒になる権利も売買されるようになりました。武士になりたい人は、三〇俵二人扶持の同心の場合でおよそ金二百両（3240万円）、現米八〇石の与力は金千両（1億6200万円）と高く、御徒は金五百両（8100万円）で幕府の御家人になれたのです。

お使いから掃除、駕籠まで、江戸幕府の雑役武士の生活ぶり

幕府の番人・使い・土木・運送・清掃など雑役に従事する「中間・小人《こびと》・黒鍬の者・掃除の者・駕籠の者」の五役は、諸藩の大名家などでは町人身分の武家奉公人の仕事とされていますが、幕府では、すべて武士身分の御家人で〝五役の制〟とよばれています。初代将軍家康の生誕地となる三河（愛知県）以来のものもおり、古来の由緒ある役職ということと関係があるのでしょう。

例えば、掃除の者は、城内の清掃が主務ですが、お使いや物の運搬もおこないます。18

世紀の宝暦一〇年（1760）には一九一人いました。頭三人の三組に分かれています。給料は一〇俵一人半扶持（99万8325円）です。

駕籠の者は、名称のとおり将軍や後継者の乗物（武家の駕籠のこと）を担ぐのが主務です。人数は、五〇～七〇人ほどで、頭一人の三組に分かれています。給料は、二〇俵二人扶持（170万9100円）で、三河以来の若干の家には五人扶持（143万7750円）の加給があるといいます。

駕籠の者には興味深い話が伝わります。①身長は均一がよいため、家によっては養子をもらって家を継がせています。あるいは、同僚に代わって務めてもらうこともあるといいますが、この場合は対価を払わなければなりません。②将軍の外出のときは、その都度、黒木綿の表に茶色の裏地が付いた袢纏《はんてん》が与えられます。将軍外出時の乗物まわりのことに関しては、家族であっても一切口外しませんでした。

五役の者たちも、組に分かれているように、前述の御徒と同様、御城から離れた郊外の組屋敷や拝領の町屋に暮らしていました。例えば、幕末の嘉永年間に刊行された切絵図を見ると湯島や本郷に中間・小人・駕籠の者の組屋敷が並び、城南の白金や城北の巣鴨・城東の深川などに黒鍬の者の組屋敷の存在が確認できます。

町奉行所の定廻り同心と岡っ引きの関係

江戸の町奉行所で治安・警察業務を担当していたのは〝三廻り〟とよばれる「定廻り・臨時廻り・隠密廻り」でした。このうち、隠密廻りは、奉行の命を受けて探索にあたるため、変装する必要があり、いまの私服警官にあたります。ここでは、定廻りと臨時廻りについて、同心だった人物の証言にもとづいて、彼らの給料事情を紹介することにいたしましょう。

定廻りになるのは、四五、六歳から五〇歳ぐらいの同心といいますから、経験豊富なベテラン同心の役職といえます。臨時廻りは、定廻りだけでは手が足りないために設けられた補助的な役職で、定廻りを務めた経験者から取り立てられています。

年齢が高いこともあり、みずから賊を捕らえることはいたしません。では、一体だれが捕らえるのでしょうか？　ご存じの「岡っ引き」で、同心は彼らのことを「手先」と呼んでいます。商売をしている人が多く、なかでも小料理屋をやっている人が多かったといいます。これは、お客から内輪の話を聞き出せるから都合がよかったのです。

定廻りや臨時廻りの手柄は、岡っ引きの働きによるものでした。それゆえ、同心の家の台所には酒樽が置いてあり、岡っ引きが来たときは、酒を呑ませ、肴《さかな》をご馳走することもあり、ときには、仕着せと称して着物を贈り、金を渡すこともあったとのことです。出入りの岡っ引きは、まるで同心の子分のようだったといいます。

じつは、岡っ引きには「親方」がいます。手先が必要になった定廻りは、親方のところに「役に立つ者がいないか」と打診します。親方が「こういう者がいるから、お使いになっていただきたい」といって、その人をよこします。同心と親方は、このような関係で、親方は、料理茶屋（いまの料亭）をやっているものが多かったとのことです。

定廻りの同心は、町人の信用がないと務まりません。金持ちは、同心の家に付け届けと称して金を届けます。盆暮れや五節句に同心宅を訪れ、自分の家に何かあったときは、軽く済ましてもらうことをお願いします。表向きになると、金がかかるし、ほかにも事情があって「お出入りをお願いしたい」とやってくるのです。このときは、水引をかけ、熨斗《のし》をつけたものを持ってきます。同心のほうでも、怪しまずに「どうもありがとう。相変わらず」といった調子で受け取っています。

また、大名家の留守居がやってくることもあり、扶持を与えるといいます。これは、大名家の家来が江戸の町でトラブルを起こしたとき、便宜をはかってもらうためです。一人扶持は、いまのお金にして28万7550円になります。同心によっては、三か所からも、四か所からももくるといいます。出入りの関係になると、大名家の定紋入りの羽織をくれるため、その大名家に行くときはもらった羽織を着なければなりません。

同心は普段、黒の紋付きの羽織を着用しています。武士でありながら、将軍の御成先（外出先）でも〝着流し御免〟であり、袴をはきません。これは、町奉行所の同心だけのことでした。さらに、御成先でも、十手《じって》をさしてもかまいません。十手は長いものでは二尺一寸（約63㎝）もあり、短いものでも九寸（27㎝）で、房は緋色でした。

町の入り口に自身番屋と木戸番屋があります。町営ですが、町奉行所の下部機関にあたります。自身番屋には町屋敷経営の地主に代わり家主（大家）が詰めています。木戸番屋は町の入り口に設けられた町木戸を守るのが役目で、町費で雇った番人の〝番太郎〟が住み込みます。平日は草鞋や草履・駄菓子・蝋燭・鼻紙などを商い、夏に白玉や金魚、冬になると焼き芋を売って収入を得ています。

自身番屋は昼夜開いており、岡っ引きが捕らえた賊を縄で縛り、ここに連れてくると、番人が柱に付いている鐶《かん》に縄を通し、逃げないように見張りをします。大したことのない場合は、この番屋で白状させ、同心の指図を受けて奉行所送りの処置をします。

岡っ引きの人数は、19世紀（江戸後期）の天保一三年（1842）の資料に、一五〇人とあります。定廻りと臨時廻りの人数は南北の町奉行所合わせて二四人ですから、同心一人あたり六～七人を抱えていた計算になります。岡っ引きの給料は、町奉行所が過料銭（罰金）や闕所《けっしょ》地上り高（没収地からの地代）から払っていたようなので安かったと思われますが、本業を別にもっていたので、生活には困らなかったのでしょう。

コラム

単身赴任で江戸へ。大名家の勤番武士の江戸生活

江戸には二六〇家以上の大名屋敷があります。参勤交代制度により、半数の殿様が江戸にいて、半数の殿様が国許にいます。それゆえ、殿様がいるときは国許からやってきた勤番武士がたくさんいるためにぎやかですが、翌年に殿様が国許に赴くと行列に随従して帰国してしまうためひっそりとしたことでしょう。

天保一三年（1842）三月二九日江戸に到着した國枝外右馬《とうま》は、豊後（大分県）臼杵藩稲葉家の家来で、百石の武官、この年四四歳の初老です。殿様より二日ほど早く江戸に到着し、この日から一四か月に及ぶ、初の江戸生活がはじまります。臼杵藩

の上屋敷は愛宕下にあり、表門は将軍の芝増上寺への御成道となる愛宕下通りに面しています。

上屋敷の周囲は、隣家に接する南側を除き、通りに面した三方が二階建ての長屋造りになっており、外右馬たちは家来の奉公人とともに長屋に住んで自炊するなど、国許に妻子を残しての単身赴任です。それゆえ、絵入りの日記を書き、月に三度の国許便で妻に送っています。それが『國枝外右馬江戸詰中日記』としていま臼杵市教育委員会の所蔵となっています。

外右馬の給料（年収）は、臼杵藩の年貢率29％により二九石、いまのお金にして469万8000円です。この収入で、江戸と臼杵に分かれた家族が暮らすことになります。家来の奉公人は二人おり、給金あるいは切米を払わなければなりません。家来の存在は、いまのサラリーマンと比べた場合の大きな相違点です。この年収で足りるのでしょうか？

外右馬の部屋には「木綿」と書かれた長方形の箱が四つあります。中身は国許から持参した白木綿です。臼杵では武士の妻の内職として機織《はたお》りがおこなわれており、江戸で臼杵木綿として評判がよかったことから、妻と妻の実家で織ったものを何十反と持参したのです。

外右馬は、ときどきこの白木綿を商家に持ち込み、一反を銀一二匁ほどで売っています。いまのお金で3万2400円になります。売上金は妻に送金しなければならないでしょうから、外右馬の手元に残るのは小遣い程度かもしれません。でも、江戸暮らしの助けとなったことは疑いありません。

さて、外右馬は番方の武士ですから、殿様の外出の御供と使者を務めることが仕事となります。非番の日には同僚と精力的に名所を訪れ、芝居や吉原の見物に出かけます。翌年正月に郊外の蒲田（大田区）の梅屋敷で梅見、三月に上野・向島の三囲《みめぐり》・品川の御殿山・染井と花見を楽しみ、ときに、そば・すし・うなぎ飯など江戸の和食を味わっています。初めての江戸生活ですが、大いにエンジョイしているといえます。

青春新書
INTELLIGENCE

こころ涌き立つ「知」の冒険

いまを生きる

"青春新書"は昭和三一年に――若い日に常にあなたの心の友として、その糧となり実になる多様な知恵が、生きる指標として勇気と力になり、すぐに役立つ――をモットーに創刊された。

そして昭和三八年、新しい時代の気運の中で、新書"プレイブックス"にその役目のバトンを渡した。「人生を自由自在に活動《プレイ》する」のキャッチコピーのもと――すべてのうっ積を吹きとばし、自由闊達な活動力を培養し、勇気と自信を生み出す最も楽しいシリーズ――となった。

いまや、私たちはバブル経済崩壊後の混沌とした価値観のただ中にいる。その価値観は常に未曾有の変貌を見せ、社会は少子高齢化し、地球規模の環境問題等は解決の兆しを見せない。私たちはあらゆる不安と懐疑に対峙している。

本シリーズ"青春新書インテリジェンス"はまさに、この時代の欲求によってプレイブックスから分化・刊行された。それは即ち、「心の中に自らの青春の輝きを失わない旺盛な知力、活力への欲求」に他ならない。応えるべきキャッチコピーは「こころ涌き立つ"知"の冒険」である。

予測のつかない時代にあって、一人ひとりの足元を照らし出すシリーズでありたいと願う。青春出版社は本年創業五〇周年を迎えた。これはひとえに長年に亘る多くの読者の熱いご支持の賜物である。社員一同深く感謝し、より一層世の中に希望と勇気の明るい光を放つ書籍を出版すべく、鋭意志すものである。

平成一七年　　刊行者　小澤源太郎

著者紹介

菅野俊輔〈かんの　しゅんすけ〉

1948年東京都目黒区の生まれ。早稲田大学政治経済学部卒業。江戸文化研究家。3度の食事より〈江戸の咄〉が大好きな団塊の世代。現在、早稲田大学エクステンションセンター（八丁堀）や毎日文化センター（竹橋）、読売・日本テレビ文化センター（恵比寿）、小津文化教室（日本橋／小津和紙）などで、江戸のくずし字や江戸学など〈江戸を楽しむ講座〉の講師をつとめながら、講演、著述、テレビ・ラジオ出演など多方面で活躍中。主な著書に『図説　世界を驚かせた頭のいい江戸のエコ生活』（小社刊）、『書いておぼえる江戸のくずし字いろは入門』（柏書房）、『江戸っ子が惚れた忠臣蔵――赤穂義士の実像と虚像に迫る』（小学館）など、監修に『別冊宝島　江戸大古地図』（宝島社）などがある。

江戸《えど》の長者番付《ちょうじゃばんづけ》　青春新書 INTELLIGENCE

2017年3月15日　第1刷

著者　菅《かん》野《の》俊《しゅん》輔《すけ》

発行者　小澤源太郎

責任編集　株式会社プライム涌光

電話　編集部　03(3203)2850

発行所　東京都新宿区若松町12番1号 〒162-0056　株式会社青春出版社

電話　営業部　03(3207)1916　振替番号　00190-7-98602

印刷・中央精版印刷　製本・ナショナル製本

ISBN978-4-413-04509-4